**영어회화
아웃풋 트레이닝**

영어회화 아웃풋 트레이닝

초판 1쇄 인쇄 2021년 9월 15일
초판 1쇄 발행 2021년 9월 20일

지은이 전은지
발행인 홍성은
발행처 바이링구얼
교정교열 임나윤
디자인 Design IF

출판등록 2011년 1월 12일
주소 서울 마포구 월드컵북로5나길 18, 217호
전화 (02) 6015-8835
팩스 (02) 6455-8835
이메일 nick0413@gmail.com

ISBN 979-11-85980-40-9 13740
잘못된 책은 구입한 서점에서 바꾸어 드립니다.

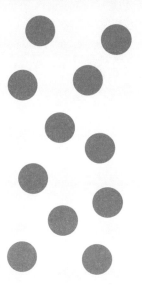

INPUT

영어 스피킹 최고의 학습법

영어회화 아웃풋 트레이닝

전은지 지음

OUTPUT

바이링구얼

영어회화 아웃풋 훈련을 해야 하는 이유

우리는 그동안 학교에서 영어를 배울 때 문법을 익히고, 단어와 숙어를 암기하고, 독해를 하는 등 주입식 인풋 학습을 주로 하였는데요. 그러다 보니 영문을 보고 우리말로 해석하는 독해를 잘하는 사람은 꽤 많지만, 반대로 하고 싶은 말을 제대로 된 영어 문장으로 말할 수 있는 사람은 흔치 않습니다. 특히 외국인을 만나 즉흥적으로 말해야 하는 상황이라면 더욱더 입이 잘 열리지 않죠. 물론 회화에 자주 쓰이는 문장들을 달달 외운다면 기초 회화는 어느 정도 가능하지만 좀 더 진지한 대화를 하는 데는 한계가 있습니다.

인풋(input) 학습이 문법, 어휘, 표현 등을 암기해서 머리에 집어넣는 것이라면 아웃풋(output) 훈련은 이 학습한 영어 지식들을 입밖으로 내보내는 훈련, 즉 영어로 말하는 훈련입니다.

섀도잉 연습이 영어 스피킹에 큰 도움이 되는 건 사실이지만, 단순히 앵무새처럼 따라서 말하는 연습만으로는 다양한 상황에 알맞게 영어로 말하기란 결코 쉽지 않습니다. 섀도잉 연습을 많이 하면 발음과 억양이 좋아지고, 새로운 어휘와 표현도 익히게 되고, 간단한 영어 문장의 경우에는 쉽게 암기가 되어 필요한 상황에서 바로 써먹을 수도 있습니다. 하지만 수많은 상황에서 그때마다 자신이 하고 싶은 말을 영어로 하려면 그동안 인풋한 영어 지식들을 활용해서 다양한 영어 문장을 만들어 말할 수 있어야 합니다. 그러니까 섀도잉 연습을 하면서 다른 문장에서도 많이 활용할 수 있는 패턴, 구문, 구동사, 어휘 등을 이용해서 새로운 문장들을 만드는 연습도 함께 많이 해야 합니다.

이 책은 단순히 새로운 표현을 많이 알려주고 그것을 암기하는 인풋 중심의 학습이 아니라, 섀도잉과 함께 습득한 표현들을 이용해서 더 많은 문장들을 만들 수 있는 아웃풋 훈련에 중점을 두어 구성하였습니다. 이러한 학습법은 단지 이 책에만 국한된 것이 아니라 어떠한 교재나 드라마, 영화를 이용해서 공부할 때도 공통적으로 써먹을 수 있는 스피킹에 실질적으로 가장 도움되는 방법이라고 할 수 있습니다.

영어회화 아웃풋 훈련 순서

 Step 1 *음원 듣고 섀도잉하기*

본문 대화문을 읽고 해석한 후 한 문장씩 섀도잉 연습을 합니다. 섀도잉은 본문 음원을 한 문장씩 구간 반복 재생해 놓고, 한 번 듣고 일시 정지하고 따라 말하고, 다시 듣고 일시 정지하고 따라 말하기를 익숙해질 때까지 반복합니다. 다음은 그 문장을 구간 반복 재생해 놓은 상태에서 동시에 따라 말하기를 여러 번 연습합니다. 이렇게 듣고 말하기와 동시에 따라 말하기를 대화문 하나가 끝날 때까지 합니다.

 Step 2 *해석만 보고 영어로 말하기*

반복된 섀도잉 연습으로 본문 대화문을 거의 암기한 사람도 있을 텐데요. 영어 문장이 얼마나 익숙해졌는지 한글 해석만 보고 영어로 말해 봅니다.

 Step 3 *영어 문장 만들기*

대화문에 나온 주요 구문이나 표현을 이용해 주어진 한글 문장과 같은 의미가 되도록 영문을 만들어 봅니다.

 Step 4 *음원 듣고 섀도잉하기*

정답 문장의 음원을 한 문장씩 구간 반복 재생해 놓고 섀도잉 연습을 여러 번 합니다.

 Step 5 *하고 싶은 말 만들기*

Step 3에 나온 표현을 이용해서 자신이 하고 싶은 말을 영어로 만들어서 말해 봅니다.

Contents

01 When pigs fly

돼지가 나는 날에나 가능할까

John　Rumor has it that David is a blabbermouth.

Lisa　It's not a rumor, it's a fact. And he is the worst. Is something wrong?

John　I accidentally told him my secret. I did it in spite of myself.

Lisa　You are in big trouble. What's your secret, anyway?

John　It's a secret! It's not supposed to be told!

Lisa　Hey, you are the one who told your secret to David.

John　I know. Do you think he'll keep my secret?

Lisa　Sure, he will, **when pigs fly**. Wait, David just tweeted something.

John　Oh, God…

Lisa　(reading tweets) You got dumped by Amy, the least popular girl in school? What is wrong with you? How embarrassing!

돼지는 날 수 없다. 돼지가 날 수 있다면 어떤 일도 일어날 수 있다는 뜻으로, 돼지가 나는 것만큼이나 불가능하다는 의미이다.

 주요 어휘

blabbermouth 입이 싼 사람
in spite of oneself 자신도 모르게
get dumped by ∼에게 차이다

accidentally 우연히, 뜻하지 않게
keep a secret 비밀을 지키다

🎤 **Step 2 | 해석만 보고 영어로 말하기**

존   데이비드 입이 싸다는 소문이 있던데.

리사   소문이 아니고 사실이야. 걔 최악이야. 무슨 문제 있어?

존   걔한테 실수로 내 비밀을 말해 버렸어. 나도 모르게 그런 거야.

리사   너 이제 큰일 났다. 그런데 비밀이 뭐야?

존   비밀이라니까! 비밀은 말하면 안 되는 거라고!

리사   야, 데이비드한테 비밀을 말한 건 바로
       너잖아.

존   맞아. 녀석이 내 비밀을 지켜 줄까?

리사   돼지가 하늘을 나는 날이라도 오면 그럴지도.
       잠깐, 데이비드가 막 트위터에 뭔가 올렸어.

존   어이구….

리사   (트위터를 읽으며) 너 에이미한테 차였어?
       학교에서 제일 인기 없는 애한테? 너 무슨
       문제 있냐? 완전 망신이네!

Rumor has it (that) ~라는 소문이 있다

1. 그들이 사귀었다는 소문이 있어.

2. 소문에 앨리가 운전 시험을 통과했다던데.

---

in spite of oneself 자신도 모르게

3. 나도 모르게 큰 소리로 웃고 말았어.

4. 나도 모르게 커피를 넉 잔을 마셨네.

---

be (not) supposed to 동사 ~하기로 (하지 않기로) 되어 있다

5. 너는 시간 맞춰 여기 오기로 되어 있었어.

6. 이런 일은 생기면 안 되는 건데.

---

you are the one who ~한 사람은 (다름 아니라) 바로 너야

7. 결정한 사람은 바로 너잖아.

8. 이 프로젝트의 책임자는 바로 나야.

1. Rumor has it that they went on a date.

2. Rumor has it Ally passed her driving test.

3. I laughed out loud in spite of myself.

4. I had four cups of coffee in spite of myself.

5. You were supposed to be here on time.

6. This is not supposed to be happening.

7. You are the one who made the decision.

8. I am the one who is responsible for this project.

✏️ **Step 5** | 하고 싶은 말 만들기

앞의 4가지 표현을 이용해서
자신이 하고 싶은 말을 쓰고 말해 보세요.

02 Tell me about it.
그러게 말이야.

John I have to move out. My horrible landlady kicked me out.

Mike She kicked you out just because she's horrible?

John Yes. Although there have been several parties in my room… and I broke the window… and made a couple of holes in the door.

Mike There you go.

John Anyway, I have no choice but to move into a new place this Saturday.

Mike That would be where?

John My brother's house. Where else? Although he is the biggest nerd ever.

Mike Do you, by any chance, happen to have any other brothers except me?

John Nope.

Mike So you are going to live with me?

John Yupp.

Mike I'm doomed.

John **Tell me about it.** You have no idea how nerdy you are.

단어 그대로의 의미는 '나에게 그것(it)에 대해 말해'이지만, 회화에서는 상대의 말에 대해서 '나도 네 말의 의미를 안다. 나도 그런 일을 겪어서 네 심정을 이해한다'는 동의의 의미로 쓰인다.

 주요 어휘

landlady (여자) 집주인

have no choice but to ~할 수밖에 없다

happen to 우연히[어쩌다] ~하게 되다

nerd 머리는 좋지만 따분한 사람, 괴짜

move out 이사 나가다(↔ move into)

by any chance 혹시

be doomed 끝장나다, 불행해지다

nerdy 공부 잘하고 재미없는

 **Step 2 | 해석만 보고 영어로 말하기**

존   나 이사해야 해. 끔찍한 주인 아줌마가 날 내쫓았어.

마이크 주인이 널 내쫓은 게 단지 주인이 끔찍해서야?

존   어. 내 방에서 파티 몇 번 했었고, 내가 창문을 깼고... 문에 구멍 두세 개 정도 내긴 했지만.

마이크 그럼 그렇지.

존   어쨌든 이번 주 토요일에 새집으로 이사 갈 수밖에 없게 됐어.

마이크 거기가 어디인데?

존   형 집이지. 어디 다른 데가 있겠어? 형이 최악의 괴짜 범생이긴 하지만.

마이크 혹시 너에게 나 말고 다른 형은 없냐?

존   없어.

마이크 그럼 너는 나랑 살 거네?

존   그렇지.

마이크 완전히 망했네.

존   내 말이. 형은 형이 얼마나 재미없는 사람인지 모를걸.

have no choice but to 동사 ~하지않을 수 없다

1. 나는 그것을 계속 쳐다보지 않을 수 없었어.

2. 나는 포기할 수밖에 없었어.

---

by any chance 혹시

3. 너 혹시 피아노 연주할 수 있니?

4. 너 혹시 저 남자 누군지 알아?

---

happen to 동사 우연히[어쩌다] ~하다

5. 우연히 그의 비밀을 알게 됐어.

6. 사고가 났을 때 우리는 우연히 그곳에 있었어.

You have no idea how 형용사 + 주어 + 동사
~인지 너는 모른다

7. 그가 얼마나 똑똑한지 넌 몰라.

8. 네가 얼마나 멋진 사람인지 너는 모르는구나.

1. I had no choice but to keep looking at it.

2. I had no choice but to give up.

3. Can you play the piano by any chance?

4. Do you, by any chance, know who he is?

5. I happened to learn his secret.

6. We happened to be there when the accident occurred.

7. You have no idea how smart he is.

8. You have no idea how amazing you are.

Step 5 | 하고 싶은 말 만들기

앞의 4가지 표현을 이용해서
자신이 하고 싶은 말을 쓰고 말해 보세요.

~~~~~~

~~~~~~

~~~~~~

03 That's it! / That's it?

바로 그거야! / 그게 전부인가요?

바로 그거야! - 상대의 말을 듣고 순간 무언가 떠올랐을 때

Lisa Christmas is just around the corner. And I want to make something for my boyfriend.

John Making something is not your thing. Just take him to a nice restaurant.

Lisa **That's it!** I am going to make him something delicious!

John You mean, you are going to cook?

Lisa Yes.

John Uh-oh…

그게 전부인가요? 다른 거 없어요? - 상대의 말에 기대한 내용이 나오지 않아 실망한 어감

customer Excuse me! I am so starving that I could eat a horse, literally. What can I order with one dollar? Because that's all I have.

waiter You can order a half cup of orange juice, or two spoons of strawberry yogurt, or a dime-sized piece of cheese cake. You can pick one of these.

customer **That's it?**

waiter No, actually there is another one. You can order one bite of plain doughnut.

문맥에 따라 다양하게 쓰일 수 있는데,
많이 쓰이는 대표적인 두 가지 경우를 소개한다.

 주요 어휘

just around the corner 임박한   starve 굶주리다

not your thing 네가 잘하는 게 아닌, 좋아하는 게 아닌

literally 말 그대로, 축어적으로   dime-sized 10센트짜리 동전 크기의

bite 한 입(베어 문 조각)   plain 꾸미지 않은, 분명한

🎤 Step 2 | 해석만 보고 영어로 말하기

리사 얼마 있으면 성탄절이잖아. 남자 친구에게 특별한 걸 만들어 주고 싶어.

존 너는 만드는 건 잘 못 하잖아. 그냥 그를 멋진 식당에나 데려가.

리사 바로 그거야! 그에게 맛있는 걸 만들어 줘야겠어!

존 그러니까 네가 요리하겠다는 거야?

리사 응.

존 이런….

손님 여기요! 배고파 죽을 지경이라 정말로 말이라도 먹을 수 있을 정도예요. 가진 게 1달러뿐인데 이걸로 뭘 주문할 수 있을까요?

웨이터 오렌지 주스 반 잔, 또는 딸기 요구르트 두 숟갈, 아니면 10센트짜리 동전 크기 만한 치즈 케이크 한 조각을 주문하실 수 있습니다. 이 중 하나 고르실 수 있어요.

손님 그게 다예요?

웨이터 아니요, 사실 하나 더 있습니다. 일반 도넛 한 입도 주문하실 수 있습니다.

just around the corner 어떤 일·사건·행사 등이 임박한, 곧 있을

1. 금방 겨울이니 겉옷 한 벌 살 거야.

2. 이제 곧 시험이야.

----

not one's thing 전문 분야가[잘 하는 것이] 아닌, 좋아하는 게 아닌

3. 사람들 앞에서 노래하는 건 절대 내가 잘하는 분야가 아니야.

4. 한번 시도는 해 보겠지만 요리는 내가 좋아하는 게 아니야.

----

so 형용사 that 주어 + 동사 너무 ~해서 (that)이다

5. 내 친구는 너무 똑똑해서 전부 A를 받았어.

6. 나는 너무 긴장해서 한마디도 못 했어.

----

literally 말 그대로, 약간 과장해서 ~할 뻔, 정말로

7. 그 가수를 보았을 때 정말로 졸도할 뻔했어.

8. 나는 말 그대로 너희 집 옆에 살아.

1. I'll buy a coat since winter is just around the corner.

2. The exam is just around the corner.

3. Singing in front of people is definitely not my thing.

4. I will give it a try but cooking is not my thing.

5. My friend was so smart that he got straight As.

6. I was so nervous that I couldn't say a word.

7. When I saw the singer, I literally fainted.

8. I live literally next to your house.

✏️ **Step 5** ㅣ 하고 싶은 말 만들기

앞의 4가지 표현을 이용해서
자신이 하고 싶은 말을 쓰고 말해 보세요.

04 News flash
네가 모르는 모양인데

John   Have you heard the news?

Lisa   What news?

John   The suspect, charged with multiple crimes, was caught yesterday.

Lisa   What a relief!

John   It is said that he has committed so many heinous crimes including assault.

Lisa   How horrible he must be!

John   And he even tried to rob children of their money. Can you believe that?

Lisa   Actually, I can. Some people do that.

John   C'mon! He tried to rob CHILDREN! Just unacceptable and unthinkable.

Lisa   Here's a **news flash**, he is a bad guy. That's what bad guys do.

flash는 동사로 '잠깐 내비치다, (화면에) 휙 나타나다, 번쩍이다' 등의 의미가 있다. news flash는 '뉴스 속보'인데, 회화에서는 상대가 너무나도 당연한 말을 할 때 '방금 들어온 속보라 네가 모르는 모양인데'의 뜻으로 비꼬는 표현으로 쓰이기도 한다.

 주요 어휘

suspect 용의자

multiple 많은, 복수의

unacceptable 용납할 수 없는

charged with ~로 고발된[기소된]

heinous 악랄한, 극악무도한

unthinkable 생각할 수도 없는

Step 2 | 해석만 보고 영어로 말하기

존　뉴스 들었어?

리사　무슨 뉴스?

존　수많은 범죄로 고소당한 용의자가 어제 잡혔대.

리사　정말 다행이네!

존　그는 폭행을 포함해서 끔찍한 범죄를 엄청나게 저질렀대.

리사　정말 끔찍한 사람이잖아!

존　심지어 그는 아이들의 돈을 빼앗으려고도 했대. 믿어지니?

리사　난 믿어지는데. 그런 사람도 있거든.

존　아니, 어린애들한테 강도 짓을 하려고 했다니까! 이건 용납할 수도, 상상할 수도 없어.

리사　네가 잘 모르는 모양인데, 그는 나쁜 놈이야. 나쁜 놈들은 그런 짓을 해.

Have you heard~? ~를 들어본 적 있니?

1. 롤라가 우울증을 앓고 있다는 거 들었어?

2. 킴이 파산했다는 얘기 들었어?

It is said that ~ ~라고 한다, ~라고들 말한다(= It is thought that ~)

3. 그가 시험에 통과했대.

4. 집값이 곧 내려갈 거래.

How 형용사 + 주어 + 동사! 얼마나 ~한가!, 정말 ~해! (감탄문)

5. 그는 정말 멍청해!

6. 그녀는 정말 사랑스러워!

That's what 주어 + 동사 (주어)는 원래 그런 행동(동사)을 한다

7. 그가 나한테 거짓말한 게 놀랍지 않은 게 원래 거짓말쟁이들은 그렇거든.

8. 그는 환자를 치료하는데 원래 의사는 그렇잖아(치료하잖아).

1. Have you heard that Lola suffers from depression?

2. Have you heard that Kim went bankrupt?

3. It is said that he passed the test.

4. It is said that house prices will be dropping soon.

5. How foolish he was!

6. How lovely she is!

7. No wonder he lied to me since that's what liars do.

8. He treats patients and that's what doctors do.

Step 5 | 하고 싶은 말 만들기

앞의 4가지 표현을 이용해서
자신이 하고 싶은 말을 쓰고 말해 보세요.

05 Over my dead body!

절대 안 돼!

daughter Dad, when are you going to allow me to wear a stylish trendy skirt?

Dad You mean the one that's too short and looks like a belt?

daughter Whatever you say, it's all the rage these days.

Dad That thing is all the rage? Gosh, what is the world coming to?

daughter You do know everybody wears them.

Dad Actually I have not seen a single person wearing that horrible thing.

daughter I have to wear it unless I don't want to be arrested by the fashion police.

Dad I'd rather you were arrested by the fashion police.

daughter Please, just tell me when I can wear it.

Dad When I am dead, plus three days in case I come back to life.

daughter Dad, please!

Dad **Over my dead body!**

단어 그대로의 의미는 '나의 죽은 몸 위로', 즉 '내가 죽으면'이라는 뜻으로 '내가 죽기 전에는 안 된다'는 의미이다. '내 눈에 흙이 들어가기 전에는 안 된다'라는 우리말 표현과 어감이 비슷하다.

 주요 어휘

trendy 최신 유행의   all the rage (일시적) 대유행

in case ~인 경우를 대비하여

What is the world coming to? 세상이 어찌 되려는지.

fashion police (사람들이 패션에 맞게 옷을 입었는지 살피는) 패션 경찰

🎤 Step 2 | 해석만 보고 영어로 말하기

딸   아빠, 언제쯤 멋지고 최신 유행하는 치마 입게 허락해 주실 거예요?

아빠   아주 짧고 허리띠처럼 보이는 거 말이냐?

딸   아빠가 뭐라고 하시든, 그거 요즘 완전 유행이에요.

아빠   그게 유행이라고? 나 참, 세상이 어찌 돌아가고 있는지.

딸   다들 그런 거 입는 거 아빠도 잘 아시잖아요.

아빠   사실 나는 그 끔찍한 걸 입은 사람을 한 명도 못 봤어.

딸   패션 경찰에게 체포되고 싶지 않으면 그거 입어야 한다고요.

아빠   나는 차라리 네가 패션 경찰한테 체포되면 좋겠다.

딸   제발, 제가 언제 입을 수 있는지 말해 주세요.

아빠   내가 죽으면, 혹시 다시 살아날 수도 있으니 사흘 추가해.

딸   아빠, 제발요!

아빠   내 눈에 흙이 들어가기 전엔 절대 안 돼!

all the rage (일시적) 대유행, 인기

1. 요즘 스키니진이 유행이야.

2. 당시에 화장을 진하게 하는 게 유행이었지.

----

you do know 너도 분명히[확실히/정말] 알고 있다 (강조의 do)

3. 거짓말하면 무슨 일이 생길지 너는 분명 잘 알 텐데.

4. 내가 그녀와 일하기를 싫어한다는 건 그도 분명 알고 있어.

----

unless ~이지 않으면(= if not)

5. 내가 버스를 놓치지 않는다면 8시에 거기 도착할 거야.

6. 너는 거기에 일찍 가지 않으면 들어갈 수 없어.

----

in case 혹시 ~인 경우를 대비하여

7. 문이 잠겨 있을 수 있으니 이 열쇠를 가져가.

8. 여기 내 전화번호인데, 혹시 내 도움이 필요할 수도 있어서.

1. Skinny jeans are all the rage these days.

2. Wearing heavy makeup was all the rage in those days.

3. You do know what will happen if you tell a lie.

4. He does know that I hate to work with her.

5. I will be there at 8 unless I miss the bus.

6. You can't get in unless you get there early.

7. Take this key in case the door is locked.

8. Here is my phone number in case you need my help.

✏️ **Step 5** | 하고 싶은 말 만들기

앞의 4가지 표현을 이용해서
자신이 하고 싶은 말을 쓰고 말해 보세요.

06 Says who?

누가 그래?

John   I'll run for student body president. I trust you're going to vote for me.

Lisa   I don't understand why you would want to run for president in the first place.

John   What do you mean?

Lisa   You know, it's highly unlikely that you will win the election.

John   Why do you think that?

Lisa   Well, for one thing, your public speech is lame.

John   Lame? I am very good at public speaking.

Lisa   **Says who?**

John   Says me. That's who!

Lisa   Sorry to say, but that's not true. Not just a little bit lame, it's very much lame.

John   Ouch! That hurts.

단어에 의미가 그대로 담겨 있다. 상대의 말을 믿지 못하거나 반박하고 싶을 때, 누가 그러더냐는 식으로 말할 때 쓴다.

 주요 어휘

run for ～에 출마하다

vote for ～에게 투표하다

highly unlikely 가능성이 거의 없는

public speaking 대중 (공개) 연설

be good at ～을 잘하다

student body president 학생회 회장

in the first place 애초에

for one thing (여러 이유들 중) 하나를 말해 보면

lame 절름발이의, 변변찮은

that hurts (심한 언행으로) 속상하다

🎤 **Step 2 | 해석만 보고 영어로 말하기**

존   나 학생회 회장 선거에 나갈 거야. 네가 날 뽑을 거라고 믿는다.

리사   네가 왜 애초에 회장 선거에 나가려는지 모르겠어.

존   무슨 뜻이야?

리사   알잖아, 네가 선거에서 이길 가능성이 매우 희박하다는 거.

존   왜 그렇게 생각하는데?

리사   글쎄, 하나만 들자면 네 대중 연설은 완전 후져.

존   후져? 나는 대중 연설을 아주 잘해.

리사   누가 그래?

존   내가 그런다. 바로 내가!

리사   이렇게 말해서 미안하지만, 그건 사실이 아니야. 좀 후진 게 아니라 많이 후져.

존   아니, 그렇게 심한 말을!

in the first place 애초에

1. 너는 애초에 그것을 시작하지 말았어야 했어.

2. 애초에 너는 무엇 때문에 이곳에 오게 된 거야?

---

it's highly unlikely ~일 가능성이 희박하다, ~일 리가 거의 없다

3. 이걸 사겠다는 사람이 있을 가능성은 거의 없어.

4. 격리 조치가 이번 주에 완화될 가능성은 거의 없어.

---

be good at + 명사[동명사] ~를 잘하다

5. 그녀는 어떻게 그녀가 하는 일을 저렇게 잘할까?

6. 나는 잘하는 게 없어서 직업이 없어.

(I'm) sorry to say, but 이렇게 말해서 미안하지만[유감이지만]

7. 이렇게 말해서 미안하지만, 네 이야기는 조금도 흥미롭지 않아.

8. 미안하지만, 나는 댄스를 좋아하지 않아.

1. You should never have started it in the first place.

2. What brought you here in the first place?

3. It's highly unlikely that anyone will buy it.

4. It is highly unlikely quarantine restrictions will be eased this week.

5. How is she so good at what she does?

6. I am good at nothing, that's why I am unemployed.

7. Sorry to say, but your story is not interesting at all.

8. Sorry to say, but dancing is not my cup of tea.

✏️ **Step 5** | 하고 싶은 말 만들기

앞의 4가지 표현을 이용해서
자신이 하고 싶은 말을 쓰고 말해 보세요.

07 No wonder.
당연하지. / 놀랄 일도 아니야.

John Everybody talks about Harry. And everybody wants to marry him.

Lisa **No wonder.** No surprises there.

John Why? He is boring and has no sense of hygiene.

Lisa True, though he is not only smart but also kind.

John Well, I think I am smart and kind too.

Lisa Anyway, it's safe to say that he is the most eligible man around here.

John Harry and I have so much in common. But no one wants to marry me.

Lisa I forgot one important thing, which differentiates him from you. He's rich.

John Rich?

Lisa He owns private islands for vacationing.

John Oh… **No wonder** everybody wants to marry him.

wonder는 '경이, 경탄, 궁금해 하다' 등을 의미한다. 그래서 너무 당연해서 놀라거나 궁금해 할 필요가 없는 경우에 No wonder 표현을 쓴다. 반대로 놀랍거나, 이해할 수 없거나, 궁금함을 자아낼 때는 It's a wonder ~(~인 것이 놀랍다)로 표현할 수 있다.

📖 주요 어휘

no surprises 놀랄 일도 아니다   eligible 신랑[신부]감으로 좋은

hygiene 위생

differentiate A from B A와 B를 구분하다, B에서 A를 구별하다

private islands 개인 소유 섬

🎤 Step 2 | 해석만 보고 영어로 말하기

존　　모두가 해리에 대해 얘기하네. 그리고 다들 그 애와 결혼하고 싶어 해.

리사　당연하지. 놀랄 일도 아니야.

존　　왜? 걔는 재미없고 위생 개념도 없는데.

리사　맞아, 그렇긴 한데 똑똑할 뿐만 아니라 친절하잖아.

존　　글쎄, 내 생각에는 나도 똑똑하고 친절한데.

리사　어쨌든 걔는 이 근방에서 가장 괜찮은 결혼 상대자라고 할 수 있지.

존　　나랑 해리는 공통점이 많아. 그런데 나랑 결혼하고 싶어 하는 사람은 없어.

리사　너랑 그 애를 구분 짓는 중요한 점 하나를 잊고 있었네. 그는 부자야.

존　　부자?

리사　휴가용 개인 섬을 갖고 있어.

존　　아… 모두 그와 결혼하고 싶어 하는 게 당연하네.

37

have no sense of ~의 개념이 없다, ~에 대한 센스가 없다

1. 그는 유머 감각이 전혀 없어.

2. 나는 정말 길치야.(방향 감각이 없어.)

---

not only A but also B A뿐 아니라 B도 역시

3. 이 케이크는 너무 달고 게다가 으깨져 있어.

4. 그가 태어난 날은 비도 왔고 추웠어.

---

it's safe to say that ~라고 말해도 된다, ~라고 할 수 있다

5. 그는 여자들 사이에서 인기가 좋다고 할 수 있어.

6. 개는 사람들의 가장 친한 친구야.

---

have ~ in common ~이 비슷하다, ~이 공통점이다

7. 언니랑 나는 공통점이 딱 한 가지야.

8. 그들은 공통점이 전혀 없고 항상 싸워.

1. He has no sense of humor.

2. I have no sense of direction.

3. This cake is not only too sweet but also squashed.

4. The day when he was born was not only rainy but also cold.

5. It's safe to say that he is popular among women.

6. It's safe to say that dogs are humans' best friends.

7. My sister and I have only one thing in common.

8. They have nothing in common and fight all the time.

✎ Step 5 | 하고 싶은 말 만들기

앞의 4가지 표현을 이용해서
자신이 하고 싶은 말을 쓰고 말해 보세요.

08 Not a chance.

어림없어.

Lisa You look very handsome today. Did you get a haircut?

John Actually, I did. And I am thinking of dyeing my hair.

Lisa Really? I think your natural hair color is awesome.

John You think?

Lisa But a new hair color is not a bad idea. Whatever you do, it'll be awesome.

John Um, I smell something fishy…

Lisa I just say it cause you look awesome. And you look extremely generous today.

John Now I get it. What do you want?

Lisa Please lend me some money. I will pay you back. Promise.

John Me lending you some money? **Not a chance.** Fat chance. No chance at all.

여기서 chance는 '기회'라는 뜻으로, Not a chance는 '한 번의 기회도 없다(no chance at all)', 즉 '절대 안 된다, 어림없다'는 의미이다. 비슷한 표현으로 Fat chance도 있는데, 기회가 많다고 오해할 수 있지만 이 역시 '가능성이 거의 없다'는 뜻이다.

 주요 어휘

get a haircut 머리카락을 자르다, 이발하다   dye 염색하다

smell something fishy 이상한[의심스러운] 낌새가 있다

extremely 매우, 몹시   generous 관대한, 자비로운

get it 이해하다, 알아차리다   pay back (돈을) 갚다

fat chance 절대 안 돼, 어림없어

 **Step 2 | 해석만 보고 영어로 말하기**

리사   너 오늘 엄청나게 잘생겨 보인다. 머리 잘랐어?

존   어, 잘랐어. 그리고 머리 염색을 할까 생각 중이야.

리사   정말? 네 원래 머리 색깔이 멋진 것 같은데.

존   그래?

리사   하지만 새로운 헤어 색깔을 해 보는 것도 나쁘지 않지. 넌 뭘 하든 다 멋질 거야.

존   음, 뭔가 좀 수상한데….

리사   네가 진짜 멋져 보여서 말하는 거야. 그리고 너 오늘 유난히 마음씨가 고와 보여.

존   이제 알겠다. 원하는 게 뭐냐?

리사   제발 돈 좀 빌려줘. 갚을게. 약속해.

존   내가 너한테 돈을 빌려줘? 어림없는 소리. 절대 안 돼. 그럴 일 없어.

You look 형용사 ~처럼 보인다

1. 나는 젊게, 제인보다 더 젊어 보이고 싶어.

2. 그는 똘똘해 보이지만 멍텅구리야.

---

be thinking of + 명사[동명사] ~를 고려 중이다, ~할까 생각 중이다

3. 나는 직장을 관둘까 고려 중이야.

4. 나는 새 사업을 시작할까 생각 중이야.

~ is not a bad idea ~는 나쁜 생각이 아니다, ~는 괜찮다

5. 이혼 전에 결혼 상담을 받아 보는 건 나쁘지 않아.

6. 정기적으로 운동하는 건 나쁘지 않아.

---

whatever 주어 + 동사 (주어)가 ~을 하든

7. 네가 무슨 말을 하든 난 안 믿어.

8. 그가 너에게 무슨 말을 하든, 하라는 대로 해.

1. I want to look young, younger than Jane.

2. He looks smart but he is an idiot.

3. I'm thinking of quitting my job.

4. I'm thinking of starting a new business.

5. Marriage counseling before divorcing is not a bad idea.

6. Exercising regularly is not a bad idea.

7. Whatever you say, I won't believe it.

8. Whatever he says to you, do it.

✎ Step 5 ㅣ하고 싶은 말 만들기

앞의 4가지 표현을 이용해서
자신이 하고 싶은 말을 쓰고 말해 보세요.

09 I'm not following.
무슨 말인지 모르겠어.

John Is everything alright? I heard a loud crashing sound.

Lisa It was nothing. I just hit the cabinet door. Nothing serious.

John I think something's going on. What is it?

Lisa I want to avoid meeting James, but it's hard since this stupid office building has not enough hiding places.

John Why do you want to avoid meeting him?

Lisa I saw him buying a diamond ring at the mall yesterday. That's terrible.

John I knew about that. He told me. That's terrible because…?

Lisa Because that means he plans to pop the question. But I am not ready.

John Ready for what? Sorry, **I am not following.**

Lisa I know he likes me but I never knew that he liked me this much.

John The woman he wants to marry is Monica, not you. Wake up and smell the coffee, lady.

동사 follow는 '뒤따르다, 따라가다'인데, 회화에서 I am not following. 혹은 I don't follow. 라고 하면 '상대의 말, 혹은 다른 사람들이 하는 대화의 의미를 잘 알아듣지 못한다'는 뜻이다.

 주요 어휘

pop the question 청혼하다

wake up and smell the coffee 정신 차리고 현실을 직시하라

🎙 **Step 2** | **해석만 보고 영어로 말하기**

존	별일 없니? 부딪치는 큰 소리를 들어서.
리사	별일 아니야. 캐비닛 문에 부딪혔어. 별일 없어.
존	무슨 일 있는 거 같은데. 뭐야?
리사	제임스와 마주치고 싶지 않은데, 이놈의 사무실 건물에 숨을 데가 별로 없어서 힘들어.
존	그와 마주치는 걸 왜 피하고 싶은데?
리사	어제 그가 쇼핑몰에서 다이아몬드 반지 사는 걸 봤거든. 큰일 났어.
존	나도 알아. 그가 말해 줬거든. 그게 큰일인 이유가…?
리사	그가 청혼할 계획이라는 뜻이잖아. 그런데 난 준비가 안 됐다고.
존	뭔 준비? 미안한데, 무슨 말인지 모르겠어.
리사	그가 나를 좋아하는 걸 알고 있었지만 이 정도로 좋아했을 줄은 몰랐어.
존	그가 결혼하길 원하는 여자는 네가 아니라 모니카야. 냉수 먹고 속 차려, 아가씨야.

Nothing 형용사 ~인 건 없다[아니다]

1. 그에게 사적인 감정은 없어.

2. 여기에 특이한 건 없어.

It's hard since 주어 + 동사 ~라서[이기 때문에] 힘들다[어렵다]

3. 살을 빼야 하지만 내가 먹는 걸 좋아해서 힘들어.

4. 그가 도와주지 않아서 힘들어.

~ because...? ~인 이유가 뭐지?, 왜 ~라는 거지?

5. 네가 그를 이상하다고 말한 이유가 뭐지?

6. 나에게 돈을 갚지 못한다는 이유가 뭐지?

I never knew that ~ this much.
이 정도인 건[이렇게 심한 줄] 몰랐어

7. 나는 그가 이 정도로 빚이 많은 줄 몰랐어.

8. 나는 네가 이 정도로 술을 마실 수 있는지 몰랐어.

1. Nothing personal with him.

2. There is nothing unusual going on here.

3. I have to lose weight but it is hard since I like eating.

4. It's hard since he is not helping.

5. You said he's weird because…?

6. You can't pay me back because…?

7. I never knew that he was in debt this much.

8. I never knew that you could drink this much.

Step 5 | 하고 싶은 말 만들기

앞의 4가지 표현을 이용해서
자신이 하고 싶은 말을 쓰고 말해 보세요.

10 Now you are talking!
바로 그거야!

Dad   I don't understand why you don't want to get married.

son   I prefer living with my dogs.

Dad   Dogs are dogs, not humans or wives.

son   True, but dogs are way better than wives.

Dad   How so?

son   Think about your dog, Dad. Dogs don't nag.

Dad   So true. And dogs don't say anything when I flirt with other ladies.

son   **Now you are talking!** That's not all. Dogs don't care when I stink.

Dad   And dogs are excellent backseat drivers. They just sit tight, say nothing.

son   Unlike wives, they always look cute and lovely even when they get old.

Dad   So... your mom is the one who made you not want to get married.

'이제야 그 말을 (제대로 된 말을) 하는구나'의 어감으로, 대화 중 상대방이 기다렸던 말을 해서 이에 맞장구 칠 때 쓸 수 있는 표현이다.

 주요 어휘

nag 잔소리하다   flirt (이성에게) 추파를 던지다

stink 악취가 나다   sit tight 가만히 앉아 있다

backseat driver 자동차 뒷자리에 앉아서 운전에 관해 잔소리하는 사람

Step 2 | 해석만 보고 영어로 말하기

아빠   네가 왜 결혼을 원치 않는지 이해할 수가 없구나.

아들   저는 개들이랑 사는 게 더 좋아요.

아빠   개는 개일 뿐 사람도, 아내도 아니야.

아들   맞아요, 하지만 개는 아내보다 훨씬 더 좋아요.

아빠   왜 그렇다는 거지?

아들   아빠, 아빠의 개를 생각해 보세요. 개는 잔소리를 안 해요.

아빠   그건 맞아. 또 개는 내가 다른 여자들과 노닥거려도
아무 말 하지 않지.

아들   바로 그거예요! 그뿐만이 아니에요. 개는 저한테서
냄새가 나도 상관하지 않고요.

아빠   자동차 뒷자리에 앉아서 잔소리도 하지 않아. 그냥
가만히 앉아서 아무 말도 안 해.

아들   아내와는 달리 개는 심지어 나이가 들어도 항상 귀엽고
사랑스럽지요.

아빠   그러니까… 네가 결혼하고 싶지 않게 만든 건 바로 네
엄마구나.

prefer + 동명사 ~를 더 선호하다, 더 좋아하다

1. 왜 어떤 사람들은 혼자 있는 걸 더 선호할까?

2. 케이트는 집에서 먹는 걸 더 좋아하지만 나는 외식을 더 좋아해.

----

way better than 훨씬 더 나은

3. 이 새 전화기는 이전 것보다 훨씬 더 좋네.

4. 우리 집이 이전보다 훨씬 더 좋아졌어.

----

don't care 상관하지[신경 쓰지] 않다

5. 나는 남들이 어떻게 생각하든 상관하지 않아.

6. 나는 네가 울어도 신경 안 써.

----

get old 나이가 들다, 늙다

7. 많은 사람들이 나이 드는 것을 무서워해.

8. 그녀는 나이를 안 먹는 것 같아.

1. Why do some people prefer being alone?

2. Kate prefers eating at home, but I prefer eating out.

3. This new phone is way better than the old one.

4. My house is way better than it used to be.

5. I don't care what others think.

6. I don't care if you cry.

7. Many people are afraid of getting old.

8. She doesn't seem to get old.

✏️ Step 5 | 하고 싶은 말 만들기

앞의 4가지 표현을 이용해서
자신이 하고 싶은 말을 쓰고 말해 보세요.

11 You lost me.
뭐라는지 모르겠어.

John I bought this medicine but I don't understand the instructions on the label.

Lisa Let me see. It says, if you have any abdominal pain…

John Wait, **you lost me** there. Ab… what?

Lisa An abdominal pain. It means a stomachache. If your stomach hurts after taking it, go to an internal medicine doctor…

John **You lost me** again. Internal what?

Lisa Do you have a hearing problem or what?

John My ears are fine. I'm just not familiar with these medical terms.

Lisa An internal medicine doctor. It means a physician, not a surgeon.

John OK. Go on.

Lisa And it also says, patients with indigestion, ulcers or gastritis…

John Wait. Come again? Gas… what? Sorry, it's too difficult for me.

Lisa Just take it after a meal. And if you have a bellyache, go to the doctor!

상대의 말을 듣고 이해하지 못했을 때 쓰는 표현이다. 단순히 정확하게 듣지 못했을 수도 있고, 내용이나 의미를 이해하지 못했을 수도 있다. 보통 예의 바르게 I'm sorry. You lost me there.로 말한다.

 주요 어휘

instruction 지시, 복약 지도문

stomachache 복통(= bellyache)

internal 내부의

medical term 의학 용어

surgeon 외과 의사

indigestion 소화 불량

gastritis 위염

abdominal 복부의, 배의

take medicine 약을 먹다

be familiar with ~에 익숙하다, ~를 잘 안다

physician 내과 의사

get it 이해하다, 알아듣다

ulcer 궤양

come again 다시 말해 주세요

🎤 Step 2 | 해석만 보고 영어로 말하기

존 　이 약을 샀는데 라벨의 설명을 이해하지 못하겠어.

리사 　내가 봐줄게. 뭐라고 쓰여 있냐면, 복부 통증이 있는 경우…

존 　잠깐, 뭐라는지 모르겠어. 복… 뭐?

리사 　복부 통증. 배 아픈 거 말이야. 이 약을 먹고 배가 아프면 내과의를 찾아가…

존 　또 모르겠어. 내과 뭐?

리사 　너 청력에 문제 있는 거야, 뭐야?

존 　내 귀는 멀쩡해. 이런 의학 용어에 익숙하지 않아서 그래.

리사 　몸속을 진료하는 의사. 외과 의사가 아닌 내과 의사라고.

존 　알았어. 계속해 봐.

리사 　또 뭐라고 되어 있냐면, 소화불량, 궤양, 위염이 있는 환자들은…

존 　잠깐, 못 알아들었어. 위… 뭐라고? 미안, 나한테 너무 어려워서 그래.

리사 　그냥 밥 먹고 나서 약 먹어. 그리고 배 아프면 의사 찾아가!

Step 3 | 영어 문장 만들기

it says ~ 이것(it)에 ~라고 되어[쓰여] 있다

1. 이 책에 도둑질은 중대 범죄라고 되어 있어.

2. 기사에 그가 재선에 실패했다고 나와.

----

or what? ~가 아니면 뭐야?

3. 그래서 내가 취업이 된 거야, 뭐야?

4. 이거 먹을 거야, 안 먹을 거야?

----

be familiar with ~에 익숙하다, ~를 잘 안다

5. 나는 이 근방에 익숙하지 않아.

6. 그의 시를 잘 아니?

----

too 형용사 for ~에게 너무 ~한

7. 이 바지는 너에게 너무 커.

8. 이 자동차는 나에게 너무 비싸.

1. This book says stealing is a serious crime.

2. The article says that he failed to win re-election.

3. So do I get this job, or what?

4. Are you going to eat this or what?

5. I am not familiar with this area.

6. Are you familiar with his poetry?

7. These pants are too big for you.

8. This car is too expensive for me.

Step 5 | 하고 싶은 말 만들기

앞의 4가지 표현을 이용해서
자신이 하고 싶은 말을 쓰고 말해 보세요.

12 My bad.
내 잘못이야.

John What the hell are you wearing?

Lisa My new dress? What's wrong with it? I dressed up since I have a date.

John You look cheap because it's too short.

Lisa John, I am sick and tired of your outspoken remarks.

John I am being honest.

Lisa You are being blunt and impolite. And no one likes a rude person.

John Sorry, **my bad**. I just wanted to be honest with you about your dress.

Lisa Please, be less honest and more polite.

John OK. One more thing, is it just me or is it ragged? There are lots of holes.

Lisa It's not ragged. It was made that way.

John But you look like a beggar. And also like a slut.

자신의 실수, 잘못을 인정할 때 쓰는 표현으로 I made a mistake. 혹은 I admit that it's my fault.의 의미이다.

📖 주요 어휘

dress up 차려입다, 옷을 갖춰 입다

blunt 무뚝뚝한, 직설적인

ragged 누더기의, 누더기 같은

slut 난잡한 여자

outspoken 직설적인

impolite 무례한(= rude)

beggar 거지

🎤 Step 2 | 해석만 보고 영어로 말하기

존   너 도대체 뭘 입고 있는 거야?

리사   내 새 옷? 이게 어때서? 데이트가 있어서 차려입은 거야.

존   옷이 너무 짧아서 너 천박해 보여.

리사   존, 너의 직설적인 말에 진저리가 난다.

존   난 솔직한 것뿐이야.

리사   너는 직설적이고 무례해. 아무도 무례한 사람은 좋아하지 않아.

존   미안, 내 잘못이야. 네 옷에 관해 너에게 솔직하고 싶었어.

리사   제발, 덜 솔직하고 더 예의를 갖추도록 해.

존   알았어. 한 가지 더, 나만 그런 거야, 아니면 이게 누더기인 거야? 구멍이 많잖아.

리사   이건 누더기가 아니야. 원래 이렇게 만들어진 거라고.

존   하지만 너 거지 같아. 또 난잡한 여자 같기도 하고.

dress up 옷을 차려입다

1. 파티에 어떻게 차려입을까?

2. 나는 재택근무라 차려입을 필요가 없어.

----

be sick and tired of + 동사[동명사] ~에 진저리가 나다, 질리다

3. 동양인이라는 이유만으로 차별당하는 데 진저리가 나.

4. 나는 그의 거짓말에 신물이 나.

----

no one likes ~ ~는 아무도 좋아하지 않는다

5. 무시당하는 건 아무도 좋아하지 않아.

6. 욕쟁이는 아무도 좋아하지 않아.

Is it just me or 의문문? 나만 그렇게 생각하는 거야, 아니면 실제 ~인 거야?

7. 나만 그런 거야, 아니면 실제 쿠키 냄새가 나는 거야?

8. 나만 그렇게 생각하는 거야, 아니면 정말 세상이 미쳐 돌아가는 거야?

1. How do I dress up for a party?

2. I work from home so I don't have to dress up.

3. I am sick and tired of being discriminated against just because I'm an Asian.

4. I am sick and tired of his lying.

5. No one likes being ignored.

6. No one likes a foul-mouthed person.

7. Is it just me or does it smell like cookies?

8. Is it just me or is this world going crazy?

✏️ **Step 5** | 하고 싶은 말 만들기

앞의 4가지 표현을 이용해서
자신이 하고 싶은 말을 쓰고 말해 보세요.

13 Speaking of
그래서 말인데

John What a nice party! It was awesome! By the way, sorry I was late.

Lisa You mean you're sorry you were late again. You are late all the time.

John Sorry. But better late than never.

Lisa True. But if I were you, I would buy hundreds of alarm clocks.

John I will and I promise I won't be late next time.

Lisa **Speaking of** next time, I am so looking forward to my next birthday.

John Already? Seriously?

Lisa Yes. And I suggest you spend more money on my next birthday present.

John Your next birthday is a year away, for crying out loud.

Lisa I know but…

John We just had your birthday party several minutes ago.

speaking of 또는 speaking of which는 '말이 나온 김에, 그 얘기가 나와서 하는 말인데'의 의미로 어떤 주제에 관해 이야기를 시작할 때 쓸 수 있는 표현이다. Speaking of the devil 은 '호랑이도 제 말 하면 온다더니'의 뜻으로 devil(악마)이라는 단어가 쓰였지만, 부정적인 어감은 아니다. 누군가에 대해 이야기하고 있는데 그 당사자가 나타났을 때 쓴다.

주요 어휘

awesome 멋진, 놀라운   all the time 항상

better late than never 아예 안 하는 것보다 늦게라도 하는 게 낫다 (속담)

look forward to ~를 기대하다   for crying out loud 아이고, 세상에, 참 나

🎤 Step 2 | 해석만 보고 영어로 말하기

존   정말 멋진 파티였어! 아주 신났어! 그건 그렇고, 늦어서 미안해.

리사 또 늦어서 미안하다는 뜻이겠지. 너는 항상 늦잖아.

존   미안. 하지만 안 온 것보다는 늦게라도 온 게 낫잖아.

리사 그렇긴 하지. 하지만 내가 너라면 알람시계 수백 개를 사겠어.

존   알았어. 그리고 다음에는 안 늦을게. 약속해.

리사 다음이라는 말이 나와서 말인데, 다음 내 생일이 너무 기대된다.

존   벌써? 정말로?

리사 응. 그리고 내가 제안하는데, 다음번 내 생일 선물에 돈을 더 쓰도록 해.

존   참 나, 네 다음 생일은 1년이나 남았다고.

리사 그렇긴 한데…

존   우린 몇 분 전에 네 생일 파티를 했잖아.

What a 형용사 + 명사 (+ 주어 + 동사)!

이런 ~가 있나!, ~이구나! (감탄문)

1. 그는 참 한심한 패배자구나!

2. 대단한 영화구나!

---

if I were you (+ 주어 + would + 동사 원형)

내가 너라면 (~할 텐데) (가정법)

3. 내가 너라면 지금 당장 그에게 사과하겠어.

4. 내가 부자라면 이런 식으로 살지 않을 텐데.

---

look forward to + 명사[동명사] ~를 기대하다, 고대하다

5. 너를 만나길 진심으로 고대하고 있어.

6. 나는 네 목소리 듣기를 고대하고 있으니 전화 좀 줘.

---

for crying out loud 세상에, 참 나 (감탄 표현)

7. 너는 제대로 할 줄 아는 게 하나도 없어, 나 원 참!

8. 세상에, 오후 3시인데 아직 자고 있다니!

1. What a pathetic loser (he is)!

2. What a movie!

3. If I were you, I would apologize to him right now.

4. If I were rich, I wouldn't have to live like this.

5. I sincerely look forward to meeting you.

6. I'm looking forward to hearing from you, so call me.

7. You can't do anything right, for crying out loud!

8. For crying out loud, it's 3 p.m. and you're still sleeping!

✏️ **Step 5** | 하고 싶은 말 만들기

앞의 4가지 표현을 이용해서
자신이 하고 싶은 말을 쓰고 말해 보세요.

14 I beg to differ.
난 그렇게 생각하지 않아.

officer Pull over, sir.

John Hey, officer! I didn't do anything wrong.

officer **I beg to differ**, sir. You have been stopped under suspicion of a felony.

John No way. I only had a couple of drinks. Nothing's wrong. I'm not even drunk.

officer Blow into it, please.

John What is it?

officer You don't recognize this? It's a breathalyzer, sir.

John It's ridiculous. Hoo~ Like I said, I had a couple of drinks. That's all.

officer Your BAC is 0.17% and it's more than twice the legal limit, sir.

John So what? And what limit? Since when is it illegal to drink? I am an adult!

officer It's not illegal for an adult to drink, but drinking and driving is definitely illegal, sir.

John Oh, I was driving?

beg는 '간청하다', differ는 '의견이 다르다, 동의하지 않다'라는 의미이다. 따라서 I beg to differ.는 상대의 말이나 의견에 예의를 갖춰 살짝 고풍스러운 말투로 반대의 뜻을 표현할 때 쓴다.

주요 어휘

pull over 차를 세우다

felony 중죄, 중범죄

breathalyzer 음주 측정기

BAC 혈중 알코올 농도(blood alcohol concentration)

suspicion 의심, 혐의

blow 숨을 내쉬다, 불다

ridiculous 우스꽝스러운, 말도 안 되는

Step 2 | 해석만 보고 영어로 말하기

경찰 차 세우세요.

존 경찰관님! 저는 잘못한 게 없는데요.

경찰 제 생각은 그렇지 않습니다. 지금 중범죄 혐의로 차를 세우신 거예요.

존 그럴 리가요. 술 두어 잔 마셨을 뿐인걸요. 아무 문제 없어요. 심지어 취하지도 않았다고요.

경찰 여기에 숨을 내쉬세요.

존 이게 뭔데요?

경찰 이게 뭔지도 못 알아보세요? 음주 측정기입니다, 선생님.

존 말도 안 돼. 후~ 아까도 말한 것처럼 술 두 잔 정도 마셨고요. 그게 다예요.

경찰 혈중알코올농도가 0.17%니까 법정 제한 수치의 두 배 이상이에요, 선생님.

존 그래서요? 그리고 무슨 제한? 언제부터 술 마시는 게 불법입니까? 나는 성인이라고요!

경찰 성인이 술 마시는 건 불법이 아니지만, 술 마시고 운전하는 건 확실히 불법입니다, 선생님.

존 어, 제가 운전을 했어요?

do something/anything/nothing + 형용사
~인 것을 하다

1. 너는 불법적인 건 하지 않아야 해.
2. 나는 그가 뭔가 이상한 짓을 한다고 생각해.

----

under suspicion of ~의 혐의를 받고 있는

3. 그 가수는 마약 소지 혐의를 받고 있어.
4. 당신은 음주운전 혐의로 지금 차를 세우게 된 겁니다.

   ※ 음주운전: DUI(Drinking Under Influence)

----

more than twice ~의 두 배 이상

5. 내 남자 친구는 내 나이의 두 배 이상이야.
6. 나는 두 배 이상 속도 제한을 위반하다 걸렸어.

Since when 동사 + 주어? 언제부터 ~이었나?

7. 네가 언제부터 책임자였어?
8. 언제부터 나한테 못되게 굴어도 괜찮게 된 거야?

1. You are not supposed to do something illegal.

2. I think he is doing something strange.

3. The singer is under suspicion of possession of pot.

4. You have just been pulled over under suspicion of DUI.

5. My boyfriend is more than twice my age.

6. I was caught doing more than twice the speed limit.

7. Since when were you in charge?

8. Since when is it OK to be mean to me?

✏️ Step 5 | 하고 싶은 말 만들기

앞의 4가지 표현을 이용해서
자신이 하고 싶은 말을 쓰고 말해 보세요.

Lisa I am trying to solve this equation. And don't you ever, NEVER try to help me.

John What?

Lisa I want to solve it on my own.

John OK. Um… hey, have you heard Liam jumped into the well yesterday?

Lisa Jumped into the well? **What for?**

John It's said he did it to get some water.

Lisa Isn't it easier to just turn on the faucet?

John Tell me about it. Either his mind or his brain is not well.

Lisa You mean, he is an idiot?

John Yeah. Oh, wait. That's not the right answer. If you don't mind, let me help…

Lisa I do. I do mind. I want to solve it on my own.

John You mean you will mind if I tell you the right answer is '2'?

어떤 행동의 이유나 목적을 묻는 표현으로 What are you doing that for?(무엇을 위해 / 무엇 때문에 그렇게 합니까?), For what purpose are you doing that?(무슨 목적으로 그렇게 합니까?) 등과 같은 문장을 짧게 줄인 표현이다.

 주요 어휘

solve 풀다, 해결하다

on my own 혼자서

turn on 틀다, 켜다

tell me about it (동의) 내 말이, 그러게 말이야

equation (수학) 방정식

well 우물, 잘, 매우

faucet 수도꼭지

🎙 **Step 2 | 해석만 보고 영어로 말하기**

리사   나 지금 방정식 풀고 있거든. 너는 절대, 절대로 나 도와주지 마.

존   뭐라고?

리사   나 혼자 풀고 싶다고.

존   알았어. 음… 야, 리암이 어제 우물에 뛰어들었다는 거 들었어?

리사   우물에 뛰어들어? 뭐 하러?

존   물을 마시려고 그랬다나 봐.

리사   수도꼭지를 트는 게 디 쉽지 않아?

존   내 말이. 녀석의 정신이나 뇌 중 하나가 좋지 않은가 봐.

리사   녀석이 멍텅구리라는 뜻이야?

존   그렇지. 어, 잠깐. 너 그거 틀렸어. 싫지 않다면 내가 도와…

리사   싫어. 정말 싫다니까. 나 혼자 풀고 싶다고.

존   내가 정답이 2라는 거 말해 주면 네가 싫어할 거라는 뜻이야?

don't you ever 동사 절대 ~하지 마

1. 이건 굉장히 중요하니까 절대 잊지 마.

2. 두 번 다시 나한테 말 걸지 마!

---

on one's own (남의 도움 없이) 혼자서

3. 너는 이것을 너 혼자서 끝내야 해.

4. 나 혼자서 거기 가는 게 가능할까?

---

either A or B + 단수 동사 A 아니면 B (둘 중 하나)가 ~이다

5. 팸 혹은 해리 중 한 명이 책을 받았어.

6. 너 아니면 마크 중 한 명이 거기에 갈 수 있어.

If you don't mind 네가 괜찮다면, 네가 싫지 않다면

7. 네가 괜찮다면 이 문제에 대해 내가 대답하고 싶어.

8. 네가 괜찮다면 나는 집에 가고 싶어.

1. It's very important, so don't you ever forget that.

2. Don't you ever talk to me again!

3. You have to finish this on your own.

4. Is it possible to go there on my own?

5. Either Pam or Harry received the book.

6. Either you or Mark can go there.

7. I would like to answer this question, if you don't mind.

8. If you don't mind, I'd like to go home.

✏️ **Step 5 | 하고 싶은 말 만들기**

앞의 4가지 표현을 이용해서
자신이 하고 싶은 말을 쓰고 말해 보세요.

~~~~~~

~~~~~~

~~~~~~

16 Point taken.
무슨 말인지 알겠어.

John I plan to become a doctor.

Lisa So you'll get a brain transplant? You know, you will need a whole new brain to become a doctor.

John Laugh at me as much as you want, but I plan to be a doctor.

Lisa You will have to change your plan because you can't.

John Why on earth do you say that?

Lisa You hate to study. No one can make you study. You are allergic to books.

John Enough. **Point taken.** But I still want to be a doctor.

Lisa Face the music, dude. You got all Ds this semester.

John Yeah, about that, I don't understand why I got Ds. I did study for the test.

Lisa Did you mark the 'right' answers?

John Um…

상대가 말하는 바의 '요지(point)를 알아들었다, 받아들인다'는 의미로, 일반적으로 자신에 대한 비판, 판단, 반대의 의견에 대해 이를 수용하겠다는 의사를 밝힐 때 쓰는 표현이다.

 주요 어휘

transplant 이식 수술

on earth 도대체

enough 충분한, 충분하니까 그만해

semester 학기

laugh at ~를 비웃다

be allergic to ~에 알레르기가 있다

face the music 상황[현실]을 직시하다

mark 표기하다

 Step 2 | 해석만 보고 영어로 말하기

존   나 의사가 될 계획이야.

리사   그러면 뇌 이식 수술을 받겠다는 거야? 너도 알지만 네가 의사가 되려면 완전히
       새로운 뇌가 필요할 테니까.

존   얼마든지 비웃어라. 하지만 나는 의사가 될 계획이야.

리사   넌 그렇게 될 수 없으니까 계획을 바꿔야 할 거야.

존   도대체 왜 그렇게 말하는 건데?

리사   넌 공부하기 싫어하잖아. 아무도 너를 공부하게 만들 수가 없어. 너는 책에
       알레르기가 있어.

존   그만. 무슨 말인지 알겠어. 하지만 난 의사가 여전히 되고 싶은데.

리사   친구야, 현실을 직시해. 이번 학기에 너는 전부 D를 맞았잖아.

존   아, 그거 말이야, 내가 왜 D를 맞았는지 이해할 수가 없어. 난 정말 시험 공부를
       했다고.

리사   '맞는' 답에 표기했어?

존   그건….

as much as you want 원하는 만큼 얼마든지

1. 원하는 만큼 즐겨.

2. 원하는 만큼 마음껏 (술을) 마시면 얼마 못 가서 사망할 거야.

---

on earth 도대체 (강조)

3. 도대체 그 쓰레기 같은 책을 왜 읽는 거야?

4. 도대체 지금 무슨 짓을 하는 거야, 내가 못 살아!

---

be allergic to ~에 알레르기가 있다

5. 나는 땅콩 알레르기가 있어서 땅콩버터를 못 먹어.

6. 나는 멍텅구리에 알레르기가 있으니까 나한테서 좀 떨어져 줄래.

---

face the music (부정적, 비관적인) 현실을 직시하다, 받아들이다

7. 전부 A를 맞지 않는 이상, 현실을 직시해야만 할 거야.

8. 이젠 현실을 직시하고 앞으로 나아갈[극복할] 때야.

1. Enjoy as much as you want.

2. Drink as much as you want and you will die soon.

3. Why on earth are you reading that trash?

4. What on earth are you doing, for God's sake!

5. I can't eat peanut butter because I'm allergic to peanuts.

6. I am allergic to idiots, so stay away from me please.

7. Unless you get straight As, you will have to face the music.

8. Now it's time to face the music and get over it.

✏️ **Step 5** | 하고 싶은 말 만들기

앞의 4가지 표현을 이용해서
자신이 하고 싶은 말을 쓰고 말해 보세요.

17 That's the point.

바로 그게 핵심이야.

brother　Wow, that's a huge hat. It must have cost you a fortune.

sister　I will not say a 'fortune', but it did cost me a lot.

brother　And you paid handsomely for this gigantic sombrero because…?

sister　Because you have a date tomorrow. It's for you.

brother　Thanks. But do you think it's a good idea to wear this on my first date?

sister　Of course. If you want to look handsome, don't forget to wear this.

brother　But it covers my whole face.

sister　**That's the point.** If you want to look handsome, you must cover your whole face.

brother　So you paid lots of money on this because I am ugly.

sister　Basically. It's a small price to pay to save your first date.

brother　Again, so you think I am ugly?

sister　Oh, you don't?

'그게 바로 핵심, 요점(point)이다'라는 의미이다. 상대방이 내가 하려는 말의 핵심을 말했을 때 이에 동의하거나 강조하는 의도로 사용할 수 있다.

 주요 어휘

cost a fortune 큰돈이 들다

handsomely (돈이) 어마어마하게, 많이

gigantic 거대한

basically 기본적으로 그렇다, 맞다

🎙️ Step 2 | 해석만 보고 영어로 말하기

오빠 와, 엄청 큰 모자네. 이거 큰돈 들었겠다.

여동생 '큰돈'이라고까지 말하지는 않겠지만, 꽤 들긴 했지.

오빠 이 거대한 솜브레로에 거금을 지불한 이유가…?

여동생 오빠가 내일 데이트가 있어서지. 이거 오빠를 위한 거야.

오빠 고마워. 그런데 너는 첫 데이트 때 이걸 쓰는 게 괜찮다고 생각해?

여동생 당연하지. 잘생겨 보이고 싶다면, 이거 쓰는 거 잊지 마.

오빠 하지만 모자가 내 얼굴을 다 가릴 텐데.

여동생 그게 핵심이야. 잘생겨 보이고 싶다면 얼굴 전체를 다 가려야 해.

오빠 그러니까 이거에 큰돈을 쓴 이유가 내가 못생겨서야?

여동생 그런 셈이지. 오빠의 첫 데이트를 구하는 데 이 정도는 푼돈이지.

오빠 다시 말하지만, 너는 내가 못생겼다고 생각하니?

여동생 어, 오빠는 그렇게 생각 안 해?

not say ~ but ~라고 말하지는 않지만

1. 채식주의자는 아니지만 나는 고기를 싫어해.

2. '비상사태'라고 할 수는 없지만, 당시에 긴급하긴 했어.

It's a good idea to 동사 ~하는 건 좋은 생각이다, ~하는 게 좋다

3. 심장을 위해 소금을 덜 먹는 건 좋은 생각이야.

4. 지금 그를 만나는 건 좋은 생각이 아니라고 나는 생각해.

---

not[never] forget to 동사 ~하는 걸 잊지 마 (미래의 일)

5. 거기 도착하면 나한테 전화하는 거 잊지 마.

6. 문 닫는 거 절대 잊지 마.

It's a small price to pay
이 정도면 적은 돈이다, 이 정도면 큰 희생이 아니다

7. 죽음을 피하는[모면하는] 데 이 정도면 적은 돈이지.

8. 지구를 살리는 데 이 정도면 대단한 희생이라 할 수 없어.

1. I can't say I am a vegan, but I don't like meat.

2. I can't say 'emergency' but it was urgent at the time.

3. It's a good idea to eat less salt for your heart.

4. I don't think it's a good idea to meet him right now.

5. Don't forget to call me when you get there.

6. Never forget to close the door.

7. It's a small price to pay to cheat death.

8. It's a small price to pay to save the earth.

✏️ Step 5 ㅣ하고 싶은 말 만들기

앞의 4가지 표현을 이용해서
자신이 하고 싶은 말을 쓰고 말해 보세요.

~~~~~~

~~~~~~

~~~~~~

18 I'm begging you.
제발 부탁이야.

Lisa   Not that I doubt your ability to read a map, but if we go this way we won't find our way home.

John   We are not lost. I used to be a cartographer.

Lisa   Which is…?

John   A person who draws maps, which means I can read a map. Trust me.

Lisa   Then what are you waiting for? Read the map and find a way home!

John   **I'm begging you**, be quiet. And just give me one more minute.

Lisa   What a waste of time! It's getting dark. It's already 7 pm. Officially, it's evening.

John   Thank you, Captain Obvious. I know that.

Lisa   Then stop pretending to read a map and do something else.

John   You leave me no choice but to take drastic measures. It's time to use plan B.

Lisa   We have a plan B? Great. What's plan B?

John   Plan B is to ask people living around here for directions.

I beg to differ 표현에서도 나왔듯이 beg는 '간청하다, 구걸하다'의 뜻으로, 상대에게 사정하거나 간곡히 부탁할 때 쓰는 표현이다.

 주요 어휘

cartographer 지도 제작자

pretend ~인 척하다

take measures 조치를 취하다

officially 공식적으로

drastic 극단적인, 과감한

Thank you, Captain Obvious. 그걸 누가 몰라?

(상대가 말 안 해도 다 아는 확실하고 명확한 것을 말할 때, 이를 비꼬는 표현)

leave no choice but to ~ 외에 다른 여지(선택)를 남기지 않다

Step 2 | 해석만 보고 영어로 말하기

리사 지도를 읽는 네 능력을 의심하는 건 아니지만, 이런 식으로는 집 가는 길을 찾을 수 없어.

존 우리는 길을 잃지 않았어. 내가 예전에 지도 제작자였어.

리사 그게 뭔데?

존 지도 그리는 사람 말이야, 즉 나는 지도를 읽을 수 있다는 뜻이지. 나만 믿어.

리사 그럼 뭘 기다려? 지도를 읽어서 집 가는 길을 찾아!

존 제발 부탁인데, 좀 조용히 해 봐. 일 분만 더 기다려 줘.

리사 완전 시간 낭비야! 어두워지고 있잖아. 벌써 오후 7시라고. 공식적으로 지금 저녁이야.

존 그걸 누가 모른대? 나도 다 알고 있어.

리사 그럼 지도 읽는 척 그만두고 다른 것 좀 해 봐.

존 너 때문에 극단적인 조치를 취할 수밖에 없네. 이젠 차선책을 사용해야 할 때야.

리사 우리한테 차선책이 있었어? 좋았어. 그런데 차선책이 뭐야?

존 이 근처에 사는 사람들에게 길을 물어보는 거야.

Not that 주어 + 동사 ~라는 건 아니다

1. 내가 그걸 갖고 있다는 건 아니고, 그게 어디 있는지는 알아.

2. 내가 다 안다는 건 아니지만, 너보다는 더 잘 알아.

---

used to 동사 원형 ~하곤 했다

3. 전에 나는 말하는 걸 좋아했지만, 지금은 문자를 더 선호해.

4. 전에 이곳에 공원이 있었어.

---

leave 사람 no choice but to 동사
~하는 것 외에 다른 선택을 남기지 않다, ~할 수밖에 없다

5. 그는 내가 계약서에 서명하지 않을 수 없게 만들었어. (그 때문에 서명할 수밖에 없었어.)

6. 선거에서 그녀를 안 뽑을 수밖에 없었어.

---

it's time to 동사 ~할 때이다

7. 이제 마무리할 때야.

8. 이제 공부할 시간이니까 지금 게임을 끝내.

1. Not that I've had it, but I know where it is.

2. Not that I know everything, but I know better than you do.

3. I used to like talking but now I prefer texting.

4. There used to be a park here.

5. He left me no choice but to sign the contract.

6. She leaves me no choice but to vote against her.

7. Now it's time to wrap it up.

8. It's time to study, so stop playing the game now.

✏️ **Step 5** | 하고 싶은 말 만들기

앞의 4가지 표현을 이용해서
자신이 하고 싶은 말을 쓰고 말해 보세요.

19 You wish!
꿈도 야무지네!

John A leather jacket? Where did you get that?
A charity shop?

Lisa I paid a pretty penny for it. And I'm supposed
to look like a Hollywood star.

John **You wish!** You look like not a Hollywood star
but a back number because you are wearing it
with the sleeves pushed up. It's totally 80s.

Lisa Oh, man! What am I going to do with this?

John Get rid of it. The sooner the better.

Lisa How? No one would buy this stupid leather
jacket.

John Hmm… since I'm such a nice person and the
best friend of yours, I'll buy it.

Lisa Thank you. You are the best. It cost me 500
dollars.

John Then I'll give you ten dollars.

Lisa What?

John If it weren't for me, you couldn't get rid of it.
Ten dollars. Take it or leave it.

상대가 가능성이 희박한 이야기나 무리한 요구를 했을 때, 그건 네가 바라는 것일 뿐 실현 가능성은 거의 없다는 뜻으로 '그럴 리가 없다', '그런 기대를 갖지 마라', '꿈 깨라' 등의 어감으로 대답할 때 쓰는 표현이다.

 주요 어휘

charity shop (기부 받은 물품을 싸게 파는 자선 목적의) 중고품점

a pretty penny 상당한 액수의 돈   back number (잡지) 지난 호, 시대에 뒤진 사람

get rid of ~를 처리하다, 제거하다   the sooner the better 빠를수록 좋다

take it or leave it 싫으면 말고

Step 2 | 해석만 보고 영어로 말하기

존   가죽 재킷이야? 너 그거 어디서 구했어? 중고 판매점?

리사   돈 꽤 준 거야. 그리고 내가 할리우드 스타처럼 보여야 하는데.

존   꿈도 야무지네! 소매를 올려 입어서 할리우드 스타가 아니라 구닥다리처럼 보여. 완전 80년대 스타일이라고.

리사   이를 어째! 이걸 어쩌지?

존   처분해. 빠를수록 좋아.

리사   어떻게? 이 바보 같은 가죽 재킷을 사겠다는 사람은 아무도 없을 텐데.

존   음… 나는 마음씨가 곱고 너의 절친이니까 내가 살게.

리사   고마워. 네가 최고야. 이거 500달러 들었어.

존   그럼 내가 너에게 10달러 줄게.

리사   뭐야?

존   내가 아니면, 넌 이걸 처분할 수 없어. 10달러. 싫으면 말고.

a pretty penny 많은 돈, 비싼 값

1. 자동차를 사는 건 돈이 많이 들어.

2. 나는 이런 쓸모없는 것에 많은 돈을 썼어.

---

not A but B A가 아니고 B

3. 그는 내 아버지가 아니라 제인의 아버지야.

4. 나는 바쁜 게 아니라 아파.

---

get rid of ~을 제거하다, 처분[처리]하다

5. 낡은 너의 청바지를 왜 처리하지 않은 거야?

6. 나는 수술 없이 주름을 없애고 싶어.

---

if it were not for ~ ~가 아니라면 (가정법)

7. 나만 아니면 너는 해고되는 건데.

8. 너의 도움이 아니라면 나는 이걸 절대 끝낼 수 없어.

1. Buying a car costs a pretty penny.

2. I paid a pretty penny for this worthless thing.

3. He is not my father but Jane's father.

4. I am not busy but sick.

5. Why didn't you get rid of your old jeans?

6. I want to get rid of wrinkles without surgery.

7. If it weren't for me, you would get fired.

8. If it were not for your help, I could never finish it.

✏️ **Step 5** ㅣ하고 싶은 말 만들기

앞의 4가지 표현을 이용해서
자신이 하고 싶은 말을 쓰고 말해 보세요.

~~~~~~

~~~~~~

~~~~~~

20 My thoughts exactly!
내 말이!

John I am furious at Gerald big time.

Lisa Why?

John Because he called me a thief. We were playful teasing, but he went too far.

Lisa He crossed the line.

John **My thoughts exactly!** Yesterday, he took my french fries.

Lisa Really?

John Sharing food is a big no no for me, but I let him because he's my friend.

Lisa Why did he call you a thief, anyway?

John I borrowed his money without his permission and accidentally spent it on my new pants.

Lisa So… he had a good reason for calling you a thief.

John Just because I stole his money that makes me a thief?

Lisa That's the very definition of the word 'thief', you thief.

My sentiments exactly!, My thoughts precisely! 등과 같은 표현으로, 상대방의 말에 전적으로 동의하여 맞장구 치며 대답할 때 쓸 수 있는 표현이다.

 주요 어휘

furious 격노한, 분노한

go too far 너무 나가다, 심하다

a big no no 아주 싫어하는 것

definition 정의

big time 대단히

cross the line 선을 넘다

accidentally 사고로, 본의 아니게

Step 2 | 해석만 보고 영어로 말하기

존 나 제럴드한테 무지무지하게 화나 있어.

리사 왜?

존 나를 도둑이라고 불렀거든. 우리가 장난으로 놀렸던 거긴 한데 걔가 너무 심했어.

리사 그가 넘지 말아야 할 선을 넘었네.

존 내 말이 그 말이야! 어제 걔가 내 감자튀김 먹었거든.

리사 정말?

존 음식 나눠 먹는 거 내가 엄청 싫어하지만, 나는 녀석이 친구라서 그러게 놔뒀다고.

리사 그런데 걔가 왜 너를 도둑이라 부른 거야?

존 내가 허락 없이 녀석의 돈을 빌려서 본의 아니게 내 새 바지를 샀거든.

리사 그러니까… 걔가 너를 도둑이라 부를 만도 했네.

존 걔 돈 좀 훔쳤다고 해서 내가 도둑이라는 거야?

리사 그게 도둑이라는 단어의 정확한 정의야, 이 도둑아.

big time 대단히, 매우

1. 이번에 내가 엄청나게 일을 망쳤어.

2. 내가 너에게 큰 신세를 졌고 절대 잊지 않을게.

---

a big no no 대단히 싫어하는 것, 하지 말아야 할 일

3. 도서관에서 큰 소리로 노래하는 건 하지 말아야 할 일이야.

4. 내 문화권에서 먹을 때 말하는 건 하지 말아야 할 일이야.

---

without one's permission ~의 허락 없이

5. 내 허락 없이 아무것도 만지지 마.

6. 왜 내 허락 없이 내 컴퓨터를 사용했니?

---

just because 단지 ~라는 이유로, ~라고 해서

7. 가난하다는 이유로 내가 거지라는 거야?

8. 그녀가 예쁘다고 해서 인기도 좋다는 뜻은 아니야.

1. This time I messed up big time.

2. I owe you big time and I will never forget.

3. Singing loudly is a big no no in the library.

4. Talking while eating is a big no no in my culture.

5. Do not touch anything without my permission.

6. Why did you use my computer without my permission?

7. Just because I am poor that makes me a beggar?

8. Just because she's pretty doesn't mean she's popular.

✏️ **Step 5** | 하고 싶은 말 만들기

앞의 4가지 표현을 이용해서
자신이 하고 싶은 말을 쓰고 말해 보세요.

21 Name it.
말해 봐.

wife	Honey, I have something to tell you.
husband	Really? I have something to tell you too.
wife	Oh, then **name it**.
husband	After you.
wife	OK. I know I agreed to cook to save money. But I don't want to cook anymore.
husband	You don't?
wife	It causes me too much trouble. Sorry. I'll find a way to earn more money.
husband	That's totally fine by me. Don't worry. No biggie.
wife	Honey, thanks for understanding. Now your turn.
husband	Actually I have nothing to tell you because I was going to ask you to stop cooking.
wife	Really? Why?
husband	You know… it was not edible, to say the least.

'그것(it)의 이름을 말하다', '언급하다', 즉 말하라는 뜻이다. 보통 '무엇이든 말만 해'의 어감으로, 무슨 말을 해도 괜찮다는 뜻이다.

 주요 어휘

no biggie 별일 아니다   edible 먹을 수 있는

to say the least 과장하지 않고 말해도

 Step 2 | 해석만 보고 영어로 말하기

아내 여보, 할 말이 있어.

남편 정말? 나도 할 말이 있는데.

아내 어, 그럼 해 봐.

남편 당신 먼저.

아내 알았어. 돈을 절약하려고 내가 요리하겠다고 했지만 더 이상 요리하고 싶지 않아.

남편 그래?

아내 너무 번거로워. 미안해. 돈을 더 벌 수 있는 방법을 찾아볼게.

남편 나는 정말 괜찮아. 걱정 말라고. 별일도 아니네.

아내 여보, 이해해 줘서 고마워. 이제 당신 차례야.

남편 사실 할 말이 없는데, 당신에게 요리를
그만해 달라는 말을 하려고 했거든.

아내 정말이야? 왜?

남편 알잖아… 좋게 말해도, 먹을 수 있는 게
아니었어.

find a way to 동사 ~할 방법[길]을 찾다

1. 너는 그를 만날 방법을 찾는 게 좋을 거야.
2. 이 문제를 풀 방법을 찾을 수가 없어.

----

be fine by me 나는 괜찮다, 나는 반대하지 않는다

3. 네가 무엇을 하든 나는 괜찮아.
4. 릭이 나의 새 상사라는 게 나는 싫지 않아.

----

thanks for -ing ~해 주어 고맙다

5. 나를 끝까지 도와줘서 고마워.
6. 경청해 줘서 고마워.

----

to say the least 과장하지 않고 말해도, 좋게 표현해도

7. 과장 없이 말해도 나는 충격을 받았어.
8. 나는 그녀의 태도가 좋게 표현해도 이상하다고 생각해.

1. You had better find a way to meet him.

2. I can't find a way to solve this problem.

3. Whatever you do is fine by me.

4. Rick is my new boss, which is fine by me.

5. Thanks for helping me out.

6. Thanks for listening.

7. I was shocked, to say the least.

8. I find her attitude strange, to say the least.

Step 5 | 하고 싶은 말 만들기

앞의 4가지 표현을 이용해서
자신이 하고 싶은 말을 쓰고 말해 보세요.

~~~~~~

~~~~~~

~~~~~~

22 | No can do.
그럴 수 없어.

John We need to talk if you can spare a minute.

Lisa **No can do.** I must go to work now but somebody broke my cell phone.

John Yeah, about that….

Lisa How can I go to work without my phone? I will have to buy a new phone!

John Hey… I have a confession to make.

Lisa I must find this criminal right now and make him pay for it.

John Please, listen to me. It won't take long.

Lisa Alright, but make it quick. What is it? Something serious?

John Sort of. Actually I am the one who broke your phone.

Lisa What?

John I can't buy you a new one cause I'm penniless. Sorry. Now you can go to work.

No, I can't do it. 또는 It can't be done. 또는 No one can do it.의 의미로 '무언가를 못 한다, 할 수 없다'는 뜻을 전달할 때 쓰는 표현이다.

📖 주요 어휘

spare (시간, 돈 등을) 할애하다, 남겨 두다   confession 자백, 고백

penniless 무일푼의

🎤 Step 2 | 해석만 보고 영어로 말하기

존   우리 얘기 좀 해, 네가 짬을 낼 수 있다면 말이야.

리사   그럴 수 없어. 지금 출근해야 하는데 누가 내 휴대폰을 고장 냈어.

존   어, 그거 말이야….

리사   전화기 없이 어떻게 출근을 하냐고? 새 전화기를 사야 해!

존   야… 나 자백할 게 있어.

리사   이 범인을 당장 찾아내서 물어내라고 해야 해.

존   제발, 내 말 좀 들어 봐. 오래 안 걸려.

리사   알았어, 하지만 빨리 해. 뭔데? 심각한 거야?

존   뭐, 약간. 사실 네 전화기 고장 낸 거 바로 나야.

리사   뭐?

존   나는 무일푼이라 너에게 새것을 사 줄 수 없어.
      미안해. 이제 너 출근해도 돼.

spare (시간, 돈 등을) 할애하다, 남겨 두다

1. 잠깐만 시간 낼 수 있니?
2. 미안하지만 나는 시간을 뺄 수가 없어.

---

have ~ to make ~할 게 있다

3. 내가 발표할 게 있어.
4. 나는 결정할 게 있어.

---

make ~ pay for ~가 돈을 내도록[물어내도록] 만들다

5. 나는 그가 저지른 일에 대해 그가 물어내게 만들겠어.
6. 대학 학비를 어떻게 낼지 모르겠어.

---

it takes ~ 시간이 ~ 걸리다

7. 이거 3시간 정도 걸릴 테니 나를 기다리지 마.
8. 나는 그를 잊는 데 5년이 걸렸어.

1. Could you spare a moment?

2. Sorry I can't spare the time.

3. I have an announcement to make.

4. I have a decision to make.

5. I will make him pay for what he has done.

6. I don't know how to pay for college.

7. It will take about three hours, so don't wait for me.

8. It took me 5 years to get over him.

✏️ Step 5 | 하고 싶은 말 만들기

앞의 4가지 표현을 이용해서
자신이 하고 싶은 말을 쓰고 말해 보세요.

23 Grow up.

철 좀 들어라.

Lisa   What are you doodling on that photo?

John   I am drawing devil's horns, some cuts and bruises.

Lisa   Hey, that's Angelina. Why are you messing up your girlfriend's photo?

John   She's not my girlfriend anymore.

Lisa   Oh, I get it. She dumped you.

John   No, she wanted to break up with me and I allowed her to do that. So technically, I'm the one who dumped her.

Lisa   Do you have any idea why she wanted to break up with you?

John   She ate my cookies, which made me very angry, so I called her names.

Lisa   So she's dumped you and now you're messing up her photo. Very mature.

John   That's not all. I will post it on my Facebook to make her embarrassed.

Lisa   What are you? Fifteen? **Grow up.**

단어 그대로는 '자라다, 성장하다'의 의미이다. 회화에서는 '마음[정신]이 성장하다', 즉 '철이 들어라, 어른스럽게 행동하라'는 의미로 쓰인다. 상대가 철없이, 혹은 생각 없이 애들처럼 행동할 때 쓸 수 있는 표현이다.

📖 주요 어휘

doddle 낙서하다

technically 엄밀히 따져 말하면

mature 성숙한, 어른스러운

mess up 망치다, 망쳐 놓다

call ~ names ~에게[를] 욕하다

🎤 Step 2 | 해석만 보고 영어로 말하기

리사   사진에 무슨 낙서를 하는 거야?

존   악마의 뿔, 상처, 그리고 멍 자국을 그리고 있어.

리사   야, 그거 앤젤리나잖아. 왜 여자 친구의 사진을 망치고 있어?

존   이젠 더 이상 내 여자 친구 아니야.

리사   아, 알겠다. 걔가 너 찼구나.

존   아니, 걔가 나랑 헤어지고 싶어 하길래 내가 그렇게 하라고 허락해 줬어. 그러니까 엄밀히 따지자면 걔를 찬 건 바로 나지.

리사   그녀가 너랑 헤어지고 싶다는 이유가 뭔데?

존   걔가 내 쿠키를 먹었고, 그 때문에 내가 너무 화가 나서 걔한테 욕했거든.

리사   그래서 걔는 너를 찼고 너는 걔 사진을 망치고 있구나. 참 어른스럽다.

존   이게 다가 아니야. 그녀를 망신 주기 위해 이거 내 페이스북에 올릴 거야.

리사   너 뭐야? 15살이야? 철 좀 들어라.

mess up 망치다, 망쳐 놓다

1. 나 시험을 망쳤어.

2. 내 조카들이 내 방을 망쳐 놓았어.

Do you have any idea why ~?
왜 ~인지 아니? (= Do you know why ~?)

3. 경찰이 왜 나더러 차를 세우라고 했는지 너는 아니?

4. 너는 그가 오늘 왜 결석했는지 아니?

---

call ~ names ~에게[를] 욕하다, ~의 욕을 하다

5. 나한테 욕하지 마.

6. 나는 그들에게 내 욕을 그만하라고 했어.

---

post A on[to] B A를 B에 올리다, 게시하다

7. 너 그거 인스타그램에 올렸니?

8. 나 그거 소셜미디어에 올렸어.

1. I messed up on the test.

2. My nephews messed up my room.

3. Do you have any idea why the police pulled me over?

4. Do you have any idea why he is absent today?

5. Don't call me names.

6. I told them to stop calling me names.

7. Did you post it to Instagram?

8. I posted it on social media.

Step 5 | 하고 싶은 말 만들기

앞의 4가지 표현을 이용해서
자신이 하고 싶은 말을 쓰고 말해 보세요.

24 As if!
그럴 리가 있나!

Kim's sister Kimberly Brown. You know her, don't you?

doctor I made her face beautiful. You want me to make your face beautiful, too?

Kim's sister Thanks but no thanks. I'm fine with my face.

doctor Are you sure? Your face tells me differently.

Kim's sister You are saying, I am ugly?

doctor That's your word, but basically yes.

Kim's sister How in the world…

doctor But lucky you! I can make you look beautiful. Like Kim.

Kim's sister I am Kim's sister. I'm here because you made her face horrible.

doctor Nonsense! I made her beautiful. Now she looks beautiful.

Kim's sister As if! She looks horrible! Now she can't leave her room!

doctor Kim looked way more horrible. I made her face less horrible. Enough of Kim's ugly face, can we talk about your face, now?

상대의 말에 '그럴 리가 없다', '말도 안 된다'는 뜻으로 할 수 있는 대답이다. '그러셔?', '퍽도 그러겠다'와 같이 불신, 냉소의 어감이 담긴 표현이다.

주요 어휘

Thanks but no thanks 고맙지만 사양하겠습니다

basically 기본적으로

Step 2 | 해석만 보고 영어로 말하기

킴의 언니 킴벌리 브라운. 누군지 아시죠, 그렇죠?

의사 제가 얼굴을 아름답게 해드렸지요. 제가 당신의 얼굴도 아름답게 만들어 드리길 원하세요?

킴의 언니 고맙지만 사양할게요. 저는 제 얼굴에 만족합니다.

의사 정말입니까? 당신의 얼굴은 그렇게 말하지 않는 것 같은데요.

킴의 언니 제가 못생겼다는 말이에요?

의사 그건 당신이 한 말이에요 (제가 한 말 아닙니다), 하지만 기본적으로 그런 뜻입니다.

킴의 언니 세상에, 어떻게 그런…

의사 하지만 당신은 운이 좋군요! 제가 당신을 아름다워 보이게 만들어 드릴 수 있습니다. 킴처럼 말이에요.

킴의 언니 저는 킴의 언니예요. 제가 여기 온 건 당신이 킴의 얼굴을 끔찍하게 만들었기 때문이에요.

의사 무슨 말씀이세요! 저는 그녀를 아름답게 만들어 줬어요. 그녀는 지금 아름다워 보여요.

킴의 언니 퍽도 그러셨네요! 걔는 지금 끔찍해 보여요! 이제 걔는 방 밖에 나가지도 못한다구요!

의사 킴은 훨씬 더 끔찍해 보였습니다. 제가 그녀의 얼굴을 덜 끔찍하게 만든 거예요. 킴의 못생긴 얼굴 얘기는 이 정도로 하고, 이제 당신의 얼굴에 대해 얘기해 볼까요?

You know her, don't you? 그렇지 않니? (일반 동사 부가 의문문)

1. 너 그녀를 어제 만났지, 그렇지 않니?

2. 그들은 서로 아는 사이야, 그렇지 않아?

~ tell me differently ~는 그렇게 보이지 않는다

3. 너는 안 먹었다지만, 지저분한 네 입은 그렇게 말하지 않는데 (입을 보니 그렇게 보이지 않아).

4. 그는 네가 괜찮다고 말하는데, 네 얼굴은 그렇게 보이지 않아.

---

be here because 주어 + 동사 여기에 온[있는] 건 ~ 때문이다

5. 내가 여기에 온 건 널 만나기 원해서야.

6. 경찰들이 여기에 온 건 누군가 911에 전화했기 때문이야.

---

enough of ~는 충분하니 (그만해)

7. 내 이야기는 그만하고 네 이야기를 해 보자.

8. 네 변명은 충분하니 그만해.

1. You met her yesterday, didn't you?

2. They know each other, don't they?

3. You said you didn't eat it, but your dirty mouth tells me differently.

4. He says you're OK but your face tells me differently.

5. I'm here because I want to see you.

6. The cops are here because somebody called 911.

7. Enough of my story, let's talk about your story.

8. Enough of your excuses.

✏️ **Step 5** | 하고 싶은 말 만들기

앞의 4가지 표현을 이용해서
자신이 하고 싶은 말을 쓰고 말해 보세요.

25 That's just the way it is.

원래 다 그렇잖아.

Mike Get over it. Yet another woman has rejected us.
It happens to us all the time.

John But I don't understand why women don't want to go
out with us.

Mike Women hate unpopular guys like us. **That's just the
way it is.**

John Unpopular? We are great dating material. We are smart
and polite.

Mike Then maybe we are too ugly.

John We might not be handsome but we are very adorable.

Mike Are we?

John Women are so foolish that they can't appreciate our
true beauty.

Mike Then maybe it's because we're not funny. And our
jokes are boring.

John Don't be ridiculous! Our jokes are hilarious. Stupid
women just don't get it.

Mike Then why can't we get a date?

John I think... we're too smart. Women feel intimidated by
our intelligence.

Mike Sounds very pathetic, but let's go with that.

'원래 다 그렇다', '원래 그런 식이다'라는 의미이다. 대화에서 상대방이 어떤 일, 사건, 상황에 대해 부당함을 느끼거나 이해하지 못할 때, 세상이 다 그렇다, 원래 그런 식으로 돌아간다, 혹은 원래 그런 게 맞는다는 의미로 대답할 때 쓸 수 있는 표현이다.

📖 주요 어휘

get over (안 좋은 일을) 극복하다

go out with ~와 데이트를 하다

adorable 사랑스러운

hilarious 아주 우스운

pathetic 한심한, 애처로운

yet another 연속해서, 연달아

dating material 데이트감

appreciate 진가를 알아보다, 고마워하다

intimidated 겁을 내는

🎤 Step 2 | 해석만 보고 영어로 말하기

마이크 잊어. 또 다른 여자가 우리를 거부한 건데. 우리에게 항상 있는 일이야.

존 하지만 나는 왜 여자들이 우리랑 데이트하길 원치 않는지 이해가 안 돼.

마이크 여자들은 우리처럼 인기 없는 남자들을 싫어해. 원래 그렇잖아.

존 인기가 없다고? 우리는 상당히 괜찮은 데이트감이야. 우린 똑똑하고 예의 바르잖아.

마이크 그럼 우리가 너무 못생겼나 봐.

존 우리가 미남은 아닐지 몰라도 매우 사랑스러운데.

마이크 우리가 (사랑스러워)?

존 여자들이 너무 바보 같아서 우리의 진정한 아름다움을 알아보지 못하는 거야.

마이크 그럼 우리가 재미없어서 그런가. 우리 농담은 지루하잖아.

존 말도 안 되는 소리! 우리 농담은 아주 웃겨. 멍청한 여자들이 이해를 못 하는 거지.

마이크 그럼 우리는 왜 데이트를 못 하는 건데?

존 내 생각에… 우리가 너무 똑똑해서 그래. 여자들이 우리의 지적 능력에 겁먹는 거지.

마이크 엄청 한심하게 들리긴 하지만, 그게 맞다고 하지 뭐.

yet another 연달아, (앞서 몇 번 있었고) 이번에 또

1. 다이어트 책을 또 산 거야?

2. 이 작은 마을에 빵집이 또 생길 예정이야.

---

material ~감, 재목

3. 그는 CEO감이니 그를 고용해야 해.

4. 그녀는 최고의 신붓감이야.

---

might not be ~ ~가 아닐 수도 있다

5. 오늘은 아닐 수 있지만, 조만간 너는 그녀를 만날 거야.

6. 내가 이 직업에 맞는 사람이 아닐지도 모르겠어.

Don't be 형용사 ~하지 마라

7. 인기 있고 싶다면 대장질하지 마.

8. 수줍어 하지 말고 자신감을 가져.

1. You bought yet another diet book?

2. Yet another bakery is on its way to this small town.

3. He is CEO material, so we should hire him.

4. She is the best wife material.

5. It might not be today, but you will meet her soon.

6. I might not be the right person for this job.

7. If you want to be popular, don't be bossy.

8. Don't be shy, be confident.

✏️ **Step 5** | 하고 싶은 말 만들기

앞의 4가지 표현을 이용해서
자신이 하고 싶은 말을 쓰고 말해 보세요.

~~~~~~

~~~~~~

~~~~~~

26

Be my guest.
좋을 대로 해.

John I want to be a physiognomist.

Lisa Which is…?

John A face reader. Never heard of it? They can tell what kind of person you are the moment they look at you.

Lisa And you believe that? What are you, a moron?

John If you don't believe it, may I read your face now?

Lisa **By my guest.** Tell me what kind of person I am.

John According to your eyebrows, you are very stubborn, which is true.

Lisa I am stubborn?

John You are. And the shape of your nose tells me that you're analytical.

Lisa You just say that because you know me well. You pretend to read my face.

John What are you, a mind reader?

단어 그대로는 '나의 손님이 되라'는 뜻인데, 회화에서 상대가 한 말 혹은 제시한 의견에 '좋을 대로 해', '그래라' 등 동의 및 허락의 의미로 대답할 때 쓰는 표현이다.

 주요 어휘

physiognomist 관상가(= face reader)   moron 멍텅구리

stubborn 고집이 센   analytical 분석적인

pretend ~인 척하다

Step 2 | 해석만 보고 영어로 말하기

존   나는 관상가가 되고 싶어.

리사   그게 뭐야…?

존   관상 보는 사람. 못 들어 봤어? 그들은 널 보는 순간 네가 어떤 사람인지 알아.

리사   너는 그걸 믿어? 너 뭐야, 바보야?

존   네가 믿지 않는다면, 내가 지금 네 관상을 봐도 될까?

리사   좋을 대로. 내가 어떤 사람인지 말해 줘 봐.

존   네 눈썹에 의하면, 너는 아주 고집이 센데, 그건 사실이지.

리사   내가 고집이 세다고?

존   어. 그리고 네 코 모양을 보니 너는 분석적이야.

리사   네가 그렇게 말하는 건 네가 나를 잘 알기 때문이야.
너는 관상을 읽는 척할 뿐이지.

존   너 뭐야, 마음을 읽는 사람이야?

(have) never heard of ~를 들어 본 적이 없다

1. 이 용어 들어 본 적 없어?

2. 나는 당신의 이름을 들어 본 적이 없어요.

---

the moment 주어 + 동사 ~하자마자, ~한 순간

3. 그녀를 본 순간, 나는 울기 시작했어.

4. 그를 본 순간, 나는 비명을 질렀어.

---

according to ~에 의하면, ~에 따르면

5. 보도에 의하면 오늘 밤에 비 올 거래.

6. 그의 말에 의하면 그는 몇 년간 그녀를 만나지 않았대.

---

pretend to 동사 ~인 척하다

7. 나는 부자인 척하는 게 어렵지 않아.

8. 나는 아무것도 눈치채지 못한 척해야 했어.

1. Never heard of this term?

2. I have never heard of your name.

3. The moment I saw her, I started to cry.

4. The moment I met him, I screamed.

5. According to a report, it will be raining tonight.

6. According to him, he hasn't met her for years.

7. It's not difficult for me to pretend to be rich.

8. I had to pretend not to notice anything.

✏️ Step 5 | 하고 싶은 말 만들기

앞의 4가지 표현을 이용해서
자신이 하고 싶은 말을 쓰고 말해 보세요.

~~~~~~

~~~~~~

~~~~~~

27 A little birdie told me.
어디서 들었어.

Lisa You know it too? Oh, my God! How did you find out?

John Well, **a little birdie told me.** Don't ask who that little birdie is.

Lisa It doesn't matter anyway. The important thing is, everybody knows about it.

John Calm down. It happened while you were dancing. It was an accident.

Lisa How could I calm down? I'm so embarrassed.

John That could happen to anybody. Your pants were just ripped off.

Lisa And everybody saw my teddy bear underwear.

John Some people might think you're too old to wear those, but I think it's cute.

Lisa I may die of embarrassment.

John What's done is done and cannot be undone. So forget about it.

Lisa If you were me, could you forget it?

John No.

직역하면 '작은 새가 나에게 말해 주었다'인데, 출처를 구체적으로 밝히지 않고 어디에서, 누군가에게서 들었다고 말할 때 쓰는 표현이다.

주요 어휘

rip off 찢다

What's done is done and cannot be undone.

되돌릴 수 없다, 엎지른 물은 다시 담을 수 없다(속담)

Step 2 | 해석만 보고 영어로 말하기

리사 너도 그거 아는 거야? 맙소사! 너는 어떻게 알았어?

존 그냥. 어디서 들었어. 누가 말했는지는 묻지 마.

리사 그건 어쨌든 중요하지 않아. 중요한 건 모두가 그걸 안다는 거지.

존 진정해. 네가 춤추다가 벌어진 일이잖아. 사고였어.

리사 어떻게 내가 진정할 수 있겠어? 너무 창피하다고.

존 누구에게나 있을 수 있는 일이야. 그저 너의 바지가 찢어진 것뿐이라고.

리사 그리고 모두가 내 테디베어 속옷을 봤잖아.

존 네가 그런 걸 입기에 나이가 너무 많다고 생각하는 사람도 있겠지. 하지만 난 귀엽다고 생각해.

리사 나는 창피해서 죽을 거 같아.

존 이미 벌어진 일은 벌어진 거고, 없던 일로 할 수 없어. 그만 잊어버려.

리사 네가 나라면, 잊을 수 있겠어?

존 아니.

It doesn't matter ~은 중요하지 않다

1. 이건 나에게 더 이상 중요하지 않아.
2. 네가 무엇을 생각하는지는 중요하지 않아.

---

too 형용사 to 동사 ~하기에는 너무 ~한

3. 이건 사실이라 하기에 너무 좋네.
4. 방 청소를 하기엔 나는 너무 피곤해.

---

die of ~ ~로[가] 원인이 되어 사망하다

5. 마음이 상심해서 죽을 수도 있나?
6. 그는 자살한 게 아니라 자연사했어.

If you were me 네가 나라면

7. 네가 나라면, 어떻게 했겠어?
8. 네가 나라면, 너는 그만뒀을까?

1. It doesn't matter to me anymore.

2. It doesn't matter what you think.

3. It's too good to be true.

4. I am too tired to clean my room.

5. Can we die of a broken heart?

6. He died of natural causes, not from committing suicide.

7. What would you do if you were me?

8. If you were me, would you quit?

✏️ **Step 5** | 하고 싶은 말 만들기

앞의 4가지 표현을 이용해서
자신이 하고 싶은 말을 쓰고 말해 보세요.

28 Good point.

좋은 지적이야.

Lisa How could I possibly not get that job? I am intelligent, kind, and amiable.

John Being kind is good, but you don't have to be kind to become a model.

Lisa I am not only kind but also intelligent. I have a Ph.D.

John In French Literature, which is totally irrelevant to modeling.

Lisa You're right. But still, I don't understand. I am perfect for the job.

John Perfect? Well… maybe… you are overqualified for modeling.

Lisa I know that, but it doesn't mean that I can't be a model.

John OK then, let's put it this way. You are not fashion model material.

Lisa I am interested in fashion, read all the fashion magazines and I am fashionable.

John True, but you are short and fat.

Lisa Uh… **Good point.**

상대방이 정곡을 찌르는 지적을 했을 때, 이에 반박하지 않고 상대의 지적을 인정하거나 정확하게 잘 지적했다고 칭찬할 때 쓸 수 있는 표현이다.

 주요 어휘

amiable 쾌활한

Ph.D. 박사 학위(Doctor of philosophy)

irrelevant to ~와 관련이 없는

overqualified 필요 이상의 자격을 갖춘

put it 표현하다, 말하다

 Step 2 | 해석만 보고 영어로 말하기

리사 내가 어떻게 이 일에 취업이 안 될 수 있어? 나는 지적이고, 친절하고, 성격도 쾌활해.

존 친절한 건 좋은데, 모델이 되는데 꼭 친절할 필요는 없어.

리사 나는 친절할 뿐만 아니라 지적이야. 나는 박사 학위가 있잖아.

존 프랑스 문학 박사인데, 그건 모델 일과 전혀 상관이 없지.

리사 네 말이 맞아. 하지만 그래도 난 이해가 안 돼. 이 일에 난 완벽한 사람인데.

존 완벽? 뭐… 아마… 네가 모델 일에 필요 이상의 자격을 갖춰서 그럴지도 몰라.

리사 나도 알지만, 그렇다고 내가 모델을 할 수 없다는 뜻은 아니잖아.

존 그렇다면 이렇게 표현해 보자. 너는 패션 모델감이 아니야.

리사 나는 패션에 관심이 많고, 모든 패션 잡지를 다 읽고 나는 패션 감각이 있다고.

존 그렇긴 한데, 넌 키가 작고 뚱뚱하잖아.

리사 어… 좋은 지적이야.

possibly 어떻게 가능할 수 있는지, 무슨 수로 (강조)

1. 도대체 무슨 수로 나 혼자서 이 일을 할 수 있겠어?

2. 그녀가 어떻게 게임에서 이길 수가 있었지?

---

be perfect for ~에 완벽하다, 완벽하게 맞다[어울린다]

3. 이 별명은 너에게 딱이다.

4. 저 둘은 완벽하게 어울려.

---

it (that) doesn't mean (that) 그렇다고 ~라는 의미는 아니다

5. 내가 채소를 좋아한다고 내가 채식주의자라는 건 아니야.

6. 싱글이라는 게 외롭다는 뜻은 아니야.

---

put it [this] 표현하다, 말하다

7. 나의 좋은 친구 존이 말했듯이, 너 자신에게 솔직하도록 해.

8. 내가 다른 식으로 말해 볼게.

1. How can I possibly do this job on my own?

2. How could she possibly win the game?

3. This nickname is perfect for you.

4. Those two are perfect for each other.

5. I like vegetables but it doesn't mean I am a vegetarian.

6. Being single doesn't mean being lonely.

7. As my good friend John put it, be honest with yourself.

8. Let me put it another way.

✏️ **Step 5 | 하고 싶은 말 만들기**

앞의 4가지 표현을 이용해서
자신이 하고 싶은 말을 쓰고 말해 보세요.

29

Now that you mention it
지금 네 말을 듣고 보니 (생각나는데)

John Check out my new pants! Who says clothes do not make the man?

Lisa You look cool, which reminds me, would you return my cool T-shirt?

John Sorry. I didn't get the chance to clean it yet. I'll give it back to you as soon as I clean it.

Lisa **Now that you mention it**, what happened to my blanket? You said you took it to the dry cleaner's.

John I forgot to pick up the cleaning because I had many books to read.

Lisa Speaking of which, you borrowed my book a week ago, remember?

John Right… I will give it back to you. Meet me here on Friday.

Lisa Don't bother. I will come by your house tonight.

John Um…

Lisa You lost it! Oh, for the love of God, not again!

mention은 동사로 '말하다, 언급하다'의 의미이다. 이 표현은 단어 그대로 '네가 지금 그것을 언급한 덕분에 생각나는 게 있다'는 뜻이다. 상대의 말을 듣고 관련된 다른 무언가가 떠올라 그것에 관해 이야기를 시작할 때 쓸 수 있는 표현이다.

📖 주요 어휘

Clothes do not make the man. 옷이 사람을 만들지 않는다, 옷만 보고 사람을 판단하지 마라. (속담) – 대화에서는 멋진 옷을 입고 자랑하려고 옷이 사람을 멋지게 만든다는 의미로 사용.

pick up the cleaning 세탁물을 찾아오다   **come by** 잠깐 들르다

for the love of God 내가 못 살아 (화. 짜증의 표현)

🎤 Step 2 | 해석만 보고 영어로 말하기

존　　내 새 바지 좀 봐! 옷이 사람을 만드는 건 아니라고 누가 그러더냐!

리사　멋져 보이네. 그래서 생각난 건데, 내 멋진 티셔츠 좀 돌려줄래?

존　　미안. 아직 세탁할 기회가 없어서. 세탁하는 대로 바로 돌려줄게.

리사　네 말을 듣고 보니 생각났는데, 내 담요 어떻게 된 거야? 세탁소에 맡겼다며?

존　　세탁물 찾아오는 걸 잊었어. 읽을 책이 많아서 말이야.

리사　말이 나온 김에, 일주일 전에 내 책 빌려 간 거 기억나?

존　　맞아… 내가 돌려줄게. 금요일에 여기에서 만나.

리사　그럴 필요 없어. 오늘 밤 내가 너네 집에 갈게.

존　　어…

리사　너 잃어버렸구나! 내가 못 살아, 또야?

Who says~? 누가 ~라고 말하는가? (이어지는 내용이 맞지 않다는 의미)

1. 네가 못 한다고 누가 그래?
2. 코로나19가 전염되지 않는다고 누가 그래?

----

get the chance to 동사 ~할 기회가 있다, 기회를 얻다

3. 너의 월급을 두 배로 올릴 기회를 잡을 수 있어.
4. 나는 그녀에게 말할 기회가 없었어.

----

as soon as ~하자마자

5. 나는 전화를 끊자마자 문을 열어 줬어.
6. 거기 도착하자마자 내가 너한테 전화할게.

----

what happened to ~? ~에 무슨 일이 있었니?, ~는 어떻게 되었니?

7. 네 눈이 왜 그래?
8. 그가 너랑 헤어진 후에 그는 어떻게 됐어?

1. Who says you can't do it?

2. Who says COVID-19 is not contagious?

3. You can get the chance to double your salary.

4. I didn't get the chance to talk to her.

5. I answered the door as soon as I hung up the phone.

6. I will call you as soon as I get there.

7. What happened to your eyes?

8. What happened to him after he broke up with you?

Step 5 | 하고 싶은 말 만들기

앞의 4가지 표현을 이용해서
자신이 하고 싶은 말을 쓰고 말해 보세요.

~~~~~~

~~~~~~

~~~~~~

30 You tell me.

네가 말해 봐.

🎧 Step 1 I 음원 듣고 섀도잉하기

John   Your pants are very short. Much too short, actually.

Lisa   They're supposed to be short since these are called 'super-short shorts.'

John   They certainly live up to the name. What color is it? Fluorescent pink?

Lisa   No, it's shocking pink. I love this color but I think I stand out a little.

John   A little? That would be a serious understatement.

Lisa   In fact, I have a job interview at 3, and I am going to attend mass at 6.

John   And you are wearing those shocking pink super-short shorts.

Lisa   Do I have to change?

John   **You tell me.**

Lisa   I think these pants might not be appropriate for mass or a job interview.

John   Gee, you think?

직역하면 '너가 나에게 말하다'인데, 회화에서 '나는 잘 모르겠으니 네가 나에게 말해 보라'는 의미이다. 또는 '내가 잘 알지만, 너무 뻔해서 너도 잘 알 테니 네 입으로 말해 보라'는 어감으로도 쓰인다.

📖 주요 어휘

live up to the name 이름값을 하다   fluorescent 형광의, 선명한

shocking pink 형광 빛의 밝은 진분홍색   stand out 눈에 띄다

understatement 절제된 표현   mass (천주교) 미사

Gee, you think? 그걸 말이라고 해?(상대가 말할 필요도 없는 당연한 말을 할 때 비꼬며 대답하는 표현)

🎤 Step 2 | 해석만 보고 영어로 말하기

존   너 바지 진짜 짧다. 사실 너무 심하게 짧아.

리사   '엄청 짧은 짧은 바지'라고 불리니까 이거 짧아야 하는 바지야.

존   확실히 이름값을 하는 바지구나. 무슨 색깔이야? 형광 분홍?

리사   아니, 강렬한 진분홍이야. 이 색깔을 좋아하는데, 내가 좀 눈에 띄는 것 같아.

존   좀? 그건 심하게 절제된 표현인데.

리사   사실 나 3시에 취업 면접이 있고, 6시에는 미사에 참석할 거거든.

존   그런데도 강렬한 진분홍 색깔의 엄청 짧은 짧은 바지를 입는다고?

리사   갈아입어야 할까?

존   네가 더 잘 알 텐데.

리사   이 바지가 미사나 취업 면접에 맞지 않다는 생각이 들어.

존   그걸 말이라고 해?

live up to the name 이름값을 하다, 이름에 맞게 살다

1. 네가 가문의 이름에 걸맞게 생활하리라 기대해.

2. 그의 이름은 '힘센'인데, 이름값을 하며 살지 않아.

---

stand out 눈에 띄다, 돋보이다

3. 그는 키가 너무 커서 사람들 사이에서 눈에 띄지.

4. 너의 초록색 모자는 빨강 코트에 대비되어 눈에 띄어.

---

understatement 절제된 표현, 사실과 맞지 않을 만큼 순화시킨 표현

5. 너는 너무 순화시킨 표현을 쓰고 있어.

6. '단순 사고'라는 건 너무 순화시킨 표현이야.

---

be appropriate for ~에 적합하다, 알맞다

7. 무슨 색깔이 장례식장에 적합하지?

8. 이 영화가 아이들에게 적합하니?

1. You are expected to live up to your family name.

2. His name is Strong, but he doesn't live up to his name.

3. He is so tall that he stands out in a crowd.

4. Your green hat stands out against your red coat.

5. You are making an understatement.

6. 'Just an accident' is an understatement.

7. What colors are appropriate for a funeral?

8. Is this movie appropriate for kids?

✎ Step 5 | 하고 싶은 말 만들기

앞의 4가지 표현을 이용해서
자신이 하고 싶은 말을 쓰고 말해 보세요.

31 Get used to it.
익숙해지도록 해.

waitress I want to quit.

boss What? It is your first day of work.

waitress I can't stand that guy sitting over there. He really pisses me off.

boss **Get used to it.** Just think every customer sucks.

waitress But he treated me like his maid or something. I'm a waitress, not a slave.

boss Simmer down. We have an easy solution to the 'annoying customer' problem.

waitress We have?

boss Spit on his muffin before serving.

waitress Ugh! Seriously?

boss Seriously. I do that, and the other waitresses do that. Now you can do that.

waitress Can't believe it. I was a regular here until yesterday.

boss How good were you as a customer?

waitress Well…

'그것(it)에 익숙해져라'는 의미로, 어떤 일이 계속될 예정이거나 그럴 것으로 예상되는 상황에서 이에 대해 불평하거나 어색해하거나 놀라지 말고 그 상황에 익숙해지는 게 좋을 거라는 뜻이다. 형태는 명령문이지만 You had better get used to it. 정도의 어감이다.

📖 주요 어휘

piss off ～를 짜증 나게 하다

slave 노예

spit on ～에 침을 뱉다

suck 형편없다, 나쁘다

simmer down (부글거리는 화를) 가라앉히다

regular 정기적인, 단골손님

🎤 Step 2 | 해석만 보고 영어로 말하기

웨이트리스	저 그만둘래요.
사장	뭐? 오늘이 첫날이잖아.
웨이트리스	저기 앉아 있는 저 남자를 못 참겠어요. 저 사람이 저를 너무 열받게 해요.
사장	익숙해지도록 해. 그냥 모든 손님은 다 꼴 보기 싫다고 생각해.
웨이트리스	하지만 저 사람은 저를 하녀처럼 취급해요. 저는 웨이트리스이지 노예가 아니라고요.
사장	진정해. 우리에게 '짜증 나는 손님' 문제의 쉬운 해결 방법이 있잖아.
웨이트리스	그래요?
사장	서빙하기 전에 그의 머핀에 침을 뱉어.
웨이트리스	으웩! 정말로요?
사장	정말이지. 나도 그러고, 다른 웨이트리스들도 다 그래. 이제 너도 그렇게 하면 돼.
웨이트리스	믿을 수가 없네요. 저는 어제까지 여기 단골이었어요.
사장	너 얼마나 괜찮은 손님이었어?
웨이트리스	그게… .

can't stand ~을 참을 수 없다

1. 더 이상 통증을 참을 수가 없어.

2. 그녀의 태도를 참을 수가 없어.

---

piss off ~를 짜증 나게[열받게] 하다

3. 너의 상사를 열받게 하지 않도록 노력해.

4. 격리 때문에 나는 엄청 짜증 나.

---

or something 뭐 그런 것, 비슷한 종류의 것

5. 너 정신이 이상하거나 그런 거 아니야?

6. 내가 너에게 커피나 뭐 그런 거 좀 줄까?

---

have a solution to ~에 대한 해결책이 있다

7. 이 문제에 대한 해결책을 가진 사람은 없어.

8. 나에게 네 문제의 해결책이 있어.

1. I can't stand the pain anymore.

2. I can't stand her attitude.

3. Try not to piss off your boss.

4. I am so pissed off because of the quarantine.

5. Are you crazy or something?

6. Can I get you some coffee or something?

7. Nobody has a solution to this problem.

8. I have a solution to your problem.

✏️ Step 5 | 하고 싶은 말 만들기

앞의 4가지 표현을 이용해서
자신이 하고 싶은 말을 쓰고 말해 보세요.

~~~~~~

~~~~~~

~~~~~~

32 Suit yourself.
네 마음대로 해.

(talking on the phone)

wife Why aren't you home yet? You were supposed to be here by 7.

husband Why?

wife What did I tell you about family night? Tonight is family night!

husband Sorry, I forgot. I am swamped with work.

wife Stop doing what you're doing and come home now! You're late already.

husband I can't. I'm super busy right now. Start family whatever without me.

wife **Suit yourself.** Whether you're here or not, we will enjoy family night.

husband OK. Enjoy.

wife And I'm going to give the dinner I cooked for you to the dog.

husband Wait! Don't do that to my dog. I'm going. You know I love my dog.

상대가 어떤 일을 해도 되는지 나의 의견을 물을 때, 혹은 서로 의견이 다를 때, 상대에게 더이상 나의 허락이나 동의를 구할 필요 없이 마음대로 하라는 의미로 쓰는 표현이다.

 주요 어휘

swamp 넘치다, 쇄도하다, 늪지

 Step 2 | 해석만 보고 영어로 말하기

(전화 통화 중)

아내 왜 집에 안 와? 7시까지 오기로 했잖아.

남편 왜?

아내 내가 가족의 밤에 대해 뭐라고 했어? 오늘 밤은 가족의 밤이라고!

남편 미안, 잊었어. 일에 완전 파묻혀 있어서.

아내 지금 하고 있는 일 멈추고 당장 집에 와! 당신은 이미 늦었다고!

남편 그럴 수 없어. 지금 엄청 바쁘다니까. 가족 어쩌구는 나 없이 시작해.

아내 마음대로 해. 당신이 여기 오든 안 오든, 우리는 가족의 밤을 즐길 테니.

남편 알았어. 즐기라고.

아내 그리고 당신을 위해 내가 요리한 저녁 식사는 개에게 줄 거야.

남편 잠깐! 내 개한테 그러지 마. 지금 갈게. 내가 개를 사랑하는 거 당신도 알잖아.

What did I tell you about ~? ~에 대해 내가 뭐라고 했어?

1. 그를 고용하는 것에 대해 내가 뭐랬어?

2. 마스크 착용에 대해 내가 뭐라고 했어?

----

be swamped with ~가 너무 많이 쇄도하다, ~에 파묻히다

3. 우리에게 이메일 불편 사항이 쇄도하고 있어.

4. 나는 서류 작업에 파묻혀 있어.

----

already 이미 너무 ~한

5. 우리는 이미 너무 늦었어.

6. 너는 이미 많은 문제를 일으켰어!

Whether ~ or not ~이든 말든

7. 비가 오든 안 오든 나는 쇼핑몰에 갈 거야.

8. 네가 좋아하든 말든 그는 이사를 나갈 거야.

1. What did I tell you about hiring him?

2. What did I tell you about wearing a mask?

3. We have been swamped with e-mail complaints.

4. I am swamped with paperwork.

5. We are late already.

6. You've caused enough problems already!

7. Whether it rains or not, I'll go to the shopping mall.

8. He will move out whether you like it or not.

✏️ Step 5 | 하고 싶은 말 만들기

앞의 4가지 표현을 이용해서
자신이 하고 싶은 말을 쓰고 말해 보세요.

33 Help yourself.
마음껏 먹어.

Lisa How in the world does Ron bake these cookies? They taste like heaven.

John Ron bakes cookies? Not even remotely possible. He can't cook or bake.

Lisa These are his cookies. Here, **help yourself.**

John You mean they are allegedly his cookies.

Lisa But he said he baked them from scratch.

John Ha! That's not even funny. He lied to impress you.

Lisa How are you so sure? He said he baked them himself.

John Didn't you notice these taste familiar, like you have enjoyed them for years?

Lisa I did. This taste makes me comfortable.

John How about Ben's cookies? You like them?

Lisa Of course. Wait! They taste exactly the same! What a pathetic liar!

남의 허락이나 동의 없이 얼마든지 마음껏 즐기거나 사용할 수 있다고 말할 때 쓰는 표현이다. 보통 음식을 두고 자주 사용한다.

 주요 어휘

in the world 도대체(강조)

not remotely possible 가능성이 없는

from scratch 처음[기초]부터

taste like heaven 매우 맛있다

allegedly 주장하는 바에 의하면, 이른바

taste familiar 맛이 익숙하다, 친숙한 맛이다

🎙️ **Step 2 | 해석만 보고 영어로 말하기**

리사 도대체 론은 어떻게 이 쿠키를 굽는 거야? 환상적인 맛이야.

존 론이 쿠키를 구워? 전혀 있을 법하지 않은데. 걔 요리도 베이킹도 못 하는데.

리사 이거 그의 쿠키야. 자, 마음껏 먹어 봐.

존 그의 쿠키라고 추정되는 거겠지.

리사 하지만 걔가 기초 재료부터 준비해서 이것들을 구웠다고 했다니까.

존 하! 웃기지도 않네. 너한테 잘 보이려고 거짓말한 거야.

리사 어떻게 그렇게 확신해? 자기가 구웠다고 했다니까.

존 이것들 맛이 익숙한, 그러니까 몇 년 동안 네가 즐겨 왔던 그런 맛이라는 거 못 알아챘어?

리사 맞아. 이 맛이 나를 편안하게 해 주더라고.

존 '벤스 쿠키' 어때? 그거 좋아해?

리사 당연하지. 잠깐! 정확히 똑같은 맛이네! 이런 한심한 거짓말쟁이가 다 있나!

taste like heaven 천국의 맛이다, 매우 맛있다

1. 이건 맛은 엄청 좋은데 냄새가 엄청 끔찍하네.

2. 스테이크에 버터 한 조각 올리면 환상의 맛이 되지.

---

not remotely possible
가능성이 거의 없는, 일말의 가능성도 없는(= highly unlikely)

3. 내가 게임에서 이긴다는 건 가능성 없는 일이야.

4. 킴과 결혼하는 건 가능성이 조금도 없어.

---

from scratch 처음부터, 기초 재료부터 준비해서

5. 이 팬케이크는 팬케이크 믹스를 쓰지 않고 내가 기초재료부터 다 준비해서 만들었어.

6. 만두를 처음부터 만드는 건 쉽지 않아.

---

exactly the same 정확히 똑같은

7. 그들은 정확히 똑같이 생겼어.

8. 매일이 정확히 똑같아.

1. This tastes like heaven and smells like hell.

2. Place a pat of butter on the steak and it'll taste like heaven.

3. It is not remotely possible for me to win the game.

4. Marrying Kim is not even remotely possible.

5. I made pancakes from scratch, not using pancake mix.

6. It's not easy to make dumplings from scratch.

7. They look exactly the same.

8. Every day is exactly the same.

✏️ **Step 5** | 하고 싶은 말 만들기

앞의 4가지 표현을 이용해서
자신이 하고 싶은 말을 쓰고 말해 보세요.

〰〰〰〰〰〰〰〰〰〰〰〰〰〰〰〰〰〰

〰〰〰〰〰〰〰〰〰〰〰〰〰〰〰〰〰〰

〰〰〰〰〰〰〰〰〰〰〰〰〰〰〰〰〰〰

34 Done and done.
이미 다 끝냈어.

Genie   I shall grant three wishes. What do you want?

Aladdin   I hate lawyers. Genie, can you make this world lawyer-free?

Genie   No problem. But be careful what you wish for, you might get it.

Aladdin   I really hate them.

Genie   So, that's your official first wish? Remember, no backsies.

Aladdin   Genie, I officially wish for a lawyer-free world.

Genie   **Done and done.** Now you can't find a single lawyer in this planet.

Aladdin   Good riddance! Then two more wishes to go.

Genie   You have no wishes left. I know I said three but I'm not keeping my promise.

Aladdin   That's not right! Your promise is a binding agreement!

Genie   Then sue me. If you can find a lawyer.

상대가 언급한 어떤 일을 마치 두 번이나 한 듯 완전히 끝냈다는 의미이다. '다 처리했어' 혹은 '이미 다 해치웠어'의 어감이다.

 주요 어휘

grant 승인하다, 허락하다   no backsies 무르기 없기
Good riddance! 없어서 시원하다!   binding agreement 구속력 있는 계약
sue 고소하다

🎙 Step 2 | 해석만 보고 영어로 말하기

지니   세 가지 소원을 들어 드립니다. 무엇을 원하시나요?

알라딘   나는 변호사들을 싫어해. 지니, 변호사 없는 세상을 만들 수 있어?

지니   문제없어요. 하지만 소원이 이루어질 수도 있으니 소원을 빌 때 조심하세요.

알라딘   난 그들이 정말 싫어.

지니   그럼 그게 공식적인 첫 번째 소원인가요? 무르기 없다는 거, 기억하세요.

알라딘   지니, 나는 공식적으로 변호사 없는 세상을 원해.

지니   완벽하게 끝냈습니다. 이제 세상에서 단 한 명의 변호사도 찾을 수 없습니다.

알라딘   없어져서 속이 다 시원하다! 그럼 소원 두 개 더 남았네.

지니   남은 소원은 없어요. 내가 세 개라고 한 건 알지만, 나는
약속을 지키지 않을 거예요.

알라딘   그건 옳지 않아! 네 약속은 구속력 있는 계약이라고!

지니   그럼 날 고소하세요. 변호사를 찾을 수 있다면.

grant (공식적으로) 승인하다, 인정하다

1. 고맙게도 그는 내 요청을 승인해 주었어.

2. 왜 그들은 나에게 비자 승인을 안 해 주는 거야?

-free ~이 없는

3. 이건 무설탕인데 맛은 달콤해.

4. 주름 없는 바지를 구매하면 바지를 다림질할 필요가 없어.

~ to go 이후에 더 남은 게 ~

5. 막 문제 하나를 풀었으니까 19문제 더 남았네.

6. 네가 계란 하나를 먹었으니까 먹을 계란이 5개 더 있어.

---

keep a promise / keep promises 약속을 지키다

7. 자신과의 약속을 지킬 수 있는 몇 가지 방법이 있어.

8. 약속하는 건 쉽지만 약속을 지키는 건 어려워.

1. Thankfully, he granted my request.

2. Why didn't they grant me a visa?

3. This is sugar-free but tastes sweet.

4. No need to iron your pants if you buy wrinkle-free pants.

5. I just solved one problem, so 19 problems to go.

6. You ate one egg, there are 5 more eggs to go.

7. There are several ways to keep promises with yourself.

8. It's easy to make promises, but it's difficult to keep promises.

Step 5 | 하고 싶은 말 만들기

앞의 4가지 표현을 이용해서
자신이 하고 싶은 말을 쓰고 말해 보세요.

35 I knew it!
그럴 줄 알았다니까!

Lisa Look, I adopted a puppy. It's so cute and lovely.

John I'm not saying that's bad, but it's out of the blue.

Lisa Actually I adopted it after meeting a famous psychic.

John A psychic? You mean, a fortuneteller? They are all tricksters.

Lisa No, she knew about me, my job, my situation, and everything.

John And she told you to get a puppy?

Lisa No, she predicted that I would suffer heartbreak in 13 years from now.

John So?

Lisa So, that made me feel blue. I adopted a puppy to cheer me up.

John Well, the life expectancy of your dog is about 13 years so her prediction will come true.

Lisa **I knew it!** She is a real psychic!

'나는 그것을 알고 있었다', 즉 그러리라 예상했다, 그럴 줄 알았다는 뜻이다. 상대가 말한 내용을 내가 이미 전에 했던 말, 예상했던 일인 경우, 그럴 줄 알았다며 혼잣말처럼 하는 표현이다.

 주요 어휘

adopt 입양하다

psychic 심령술사, 영매

trickster 사기꾼

heartbreak 상심, 비통

come true 실현되다, 이루어지다

out of the blue 느닷없이, 난데없이

fortuneteller 점쟁이

predict 예언하다

life expectancy 기대 수명, 예상 수명

🎙 **Step 2 | 해석만 보고 영어로 말하기**

리사 이것 좀 봐, 나 강아지를 입양했어. 정말 귀엽고 사랑스러워.

존 그게 나쁘다는 건 아닌데, 갑작스럽네.

리사 사실 유명한 영매를 만난 후 입양했어.

존 영매? 점쟁이 말이야? 그 사람들 죄다 사기꾼들이야.

리사 아니야, 그 여자는 나에 대해, 내 직업, 상황, 뭐든지 다 알고 있더라고.

존 그 여자가 너더러 강아지 키우래?

리사 아니, 그 여자가 예언하기를 지금부터 13년 후에 내가 상심하게 될 거라고 했어.

존 그래서?

리사 그래서 마음이 우울해진 거야. 기분 좀 나아지려고 강아지를 입양했지.

존 아니, 네 개의 기대 수명이 13년 정도니까 그 여자의 예언이 실현되겠네.

리사 그럴 줄 알았다니까! 그 여자는 진짜 영매였어!

I'm not saying ~ ~라고 말하는 건 아니다, ~라는 건 아니다

1. 내가 반대한다는 건 아니야.

2. 그가 나에게 거짓말을 했다는 건 아닌데, 나는 그가 의심스러워.

---

out of the blue 느닷없이, 난데없이

3. 그는 느닷없이 일을 그만두겠다고 발표했어.

4. 갑자기 개가 나를 보고 짖기 시작했어.

---

and everything (앞에 열거한 것들과 함께) 그런 것들 전부 다

5. 나는 밀가루, 설탕, 우유, 달걀 등 모든 걸 갖고 있어.

6. 숲에서 너는 새들, 나무들 같은 것들을 찾을 수 있지.

---

come true 실현되다, 현실이 되다

7. 마치 꿈이 이루어진 것 같아.

8. 전염병 대유행에 관한 의사들의 예언이 현실이 된다.

1. I am not saying I am against it.

2. I am not saying he lied to me, but I am suspicious of him.

3. He announced out of the blue that he quit his job.

4. Out of the blue, my dog started barking at me.

5. I have flour, sugar, milk, eggs and everything.

6. In the forest, you can find birds, trees and everything.

7. It's like a dream come true.

8. The doctors' prediction about the pandemic comes true.

Step 5 | 하고 싶은 말 만들기

앞의 4가지 표현을 이용해서
자신이 하고 싶은 말을 쓰고 말해 보세요.

~~~~~~

~~~~~~

~~~~~~

36 Apples and oranges.
그건 서로 비교할 수 없어.

husband   Admit it. You are addicted to shopping.

wife   So not true. I just buy things I need.

husband   Like an automatic dog feeder? We don't even have a dog.

wife   I bought it just in case.

husband   You are allergic to dogs.

wife   You buy things too, like toilet paper. You bought tons of it.

husband   **Apples and oranges!** I bought it because that's consumable supplies.

wife   Whatever you say, I am not addicted to anything.

husband   You have been buying things every day for years.

wife   Again, that's not true. I didn't buy anything yesterday.

husband   That's why the delivery man knocked on the door a few minutes ago to check if you were OK.

사과와 오렌지는 종류가 다른 과일이라 같은 잣대나 기준으로 비교할 수 없다. 비교할 수 없는 것을 비교할 때 It's apples and oranges. 혹은 그냥 Apples and oranges.로 '그런 식으로 비교하는 건 맞지 않다'고 대답할 수 있다.

📖 주요 어휘

be addicted to ~에 중독되다   automatic dog feeder 자동으로 개 사료가 나오는 기계
toilet paper 화장실용 휴지   consumable supplies 소모 저장품
delivery man 배달 기사

🎙 Step 2 | 해석만 보고 영어로 말하기

남편   인정하라고. 당신은 쇼핑에 중독됐어.

아내   절대 사실이 아니야. 나는 필요한 것만 산다고.

남편   자동 애견 먹이 공급기처럼 말이야? 우린 개를 키우지도 않잖아.

아내   혹시 몰라서 산 거야.

남편   당신은 개에 알레르기가 있어.

아내   당신도 물건 사잖아, 휴지 같은 거 말이야. 당신이 그거 엄청 많이 샀다고.

남편   사과랑 오렌지가 같아? (그건 비교할 수 없어!)
그건 소모 저장품이라 산 거라고.

아내   당신이 뭐라 하든, 나는 중독된 거 없어.

남편   당신은 수년 동안 매일 무언가를 구매해 왔어.

아내   다시 말하는데, 그건 사실이 아니야. 나는 어제
아무것도 사지 않았거든.

남편   그래서 배달 기사가 아까 문을 두드렸구나. 당신이
괜찮은지 확인한다면서.

be addicted to ~에 중독되다

1. 너는 소셜 미디어에 중독된 것처럼 보여.

2. 내가 설탕 중독인 것 같아 걱정이야.

Whatever 주어 + 동사 ~든 간에[상관없이]

3. 네가 나를 어떻게 생각하든 간에, 나는 네 편이야.

4. 그가 어떤 선택을 하든 나는 상관하지 않아.

---

have been -ing 과거에서 지금까지 계속 ~하는 중이다 (현재완료 진행)

5. 그는 우리와 10년 동안 일해 오고 있어.

6. 나는 그녀를 수년 동안 알고 지냈어.

That's why ~ 그래서 ~이다

7. 그녀가 시험에 떨어져서 그녀가 우울한 거야.

8. 나는 다이어트 중이라서 케이크를 먹지 않아.

1. You seem to be addicted to social media.

2. I'm afraid I am addicted to sugar.

3. Whatever you think of me, I am on your side.

4. Whatever he chooses, I don't care.

5. He has been working with us for 10 years.

6. I have known her for years.

7. She failed the test and that's why She's depressed.

8. I put myself on a diet, that's why I don't eat cake.

✏️ Step 5 ㅣ 하고 싶은 말 만들기

앞의 4가지 표현을 이용해서
자신이 하고 싶은 말을 쓰고 말해 보세요.

~~~~~~

~~~~~~

~~~~~~

37 Go figure.
도대체 뭐 일인지.

John Have you watched the movie Kate recommended?

Lisa Not yet. Have you?

John I have. And as improbable as it sounds, it's not recommendable.

Lisa The movie Kate strongly recommended is not good? Really?

John The story, actors, even extras and cameos were totally lame.

Lisa So it's worse than you expected.

John The most incomprehensible thing is all the critics speak highly of it. **Go figure.**

Lisa Is there any possibility for you not to understand the movie?

John What are you implying? I'm so dumb that I couldn't understand it?

Lisa That's exactly what I implied.

이해하기 힘들거나 어처구니없는 상황을 이야기한 후 문장 끝에 붙일 수 있는 표현으로 '도대체 무슨 일인지', '이게 뭔 일이야', '참 알 수 없는 일이야' 등을 뜻한다. Go and try to figure it out if you can. 정도의 의미라고 할 수 있다.

📖 주요 어휘

improbable 사실일 것 같지 않은, 개연성이 낮은, 별난

recommend 추천하다   **incomprehensible** 이해할 수 없는

speak highly of ~를 좋게 말하다, 칭찬하다   **imply** 은연중에 말하다, 암시하다, 의미하다

🎙 Step 2 | 해석만 보고 영어로 말하기

존   케이트가 추천한 영화 봤어?

리사   아직. 너는?

존   봤어. 믿기 힘들겠지만 추천할 만하지 않아.

리사   케이트가 강력하게 추천한 영화가 별로라고? 정말로?

존   스토리, 배우들, 심지어 엑스트라와 카메오까지 죄다 별로야.

리사   네 기대보다 더 별로였구나.

존   가장 이해할 수 없는 건 모든 비평가들이 그걸 아주 높게 평가한다는 거야. 도대체 뭔 일인지.

리사   네가 그 영화를 이해 못 했을 가능성은 없고?

존   무슨 의미야? 내가 멍청해서 영화를 이해하지 못했다는 거야?

리사   정확히 그런 의미야.

as 형용사 as it sounds ~처럼[로] 들리다

1. 정신 나간 소리로 들리겠지만, 나는 코 성형 수술을 할 거야.

2. 혼자 외국을 여행한다는 게 들리는 것만큼[생각만큼] 무섭지 않아.

---

it's worse than 주어 + 동사 ~보다 더 나쁘다, 안 좋다

3. 이 동물은 겉보기보다 더 나빠.

4. 상황이 네가 생각한 것보다 더 나빠.

---

speak highly of ~를 좋게 말하다, 칭찬하다

5. 놀랍게도 그의 동료들은 그를 칭찬해.

6. 거의 모든 사람이 이 책을 칭찬하고 있어.

That's exactly what 주어 + 동사 그게 정확히 ~이다

7. 내가 말하는 게 바로 그거야.

8. 우리가 한 게 정확히 그거야.

158

1. As crazy as it sounds, I will get a nose job.

2. Travelling abroad alone isn't as scary as it sounds.

3. This animal is worse than it looks.

4. The situation is worse than you think.

5. Surprisingly, his colleagues speak highly of him.

6. Almost everyone speaks highly of this book.

7. That's exactly what I'm talking about.

8. That's exactly what we did.

Step 5 | 하고 싶은 말 만들기

앞의 4가지 표현을 이용해서
자신이 하고 싶은 말을 쓰고 말해 보세요.

38 If you must.
그러던지.

John You are a big fan of chocolate, right?

Lisa I love chocolate so much that I can eat it as a meal replacement.

John Oh… and you like chocolate cake, too?

Lisa I can't live my life without it. You seem more inquisitive than usual.

John I'm just wondering if you'd like chocolate cake or not.

Lisa People don't call me a chocoholic for nothing. What's going on?

John Nothing. Just curious. Can I ask one more question?

Lisa **If you must.**

John What if someone ate your chocolate cake without your permission…

Lisa If that happened, that someone would be dead.

John Oh, no…

'네가 그래야만 한다면'의 뜻인데, 상대의 어떤 부탁이나 요구 등에 '해야 한다면[정 그렇다면] 그렇게 하라, 나는 반대하지 않는다'는 의미로 '그러던지', '그래라'와 같은 어감이다.

 주요 어휘

meal replacement 식사 대용   inquisitive 꼬치꼬치 캐묻는
chocoholic 초콜릿 중독자

🎤 **Step 2 ㅣ해석만 보고 영어로 말하기**

존   너 초콜릿 광팬이지, 그렇지?

리사   난 초콜릿을 너무 좋아해서 밥 대신 먹을 수 있어.

존   이런… 그리고 너 초콜릿케이크도 좋아하지?

리사   그거 없이는 살 수가 없지. 너 평소보다 묻고 싶은 게 많아 보인다.

존   네가 초콜릿케이크를 좋아하나 안 좋아하나 그냥 궁금해서.

리사   사람들이 나를 괜히 초콜릿 중독이라 부르는 게 아니야. 무슨 일인데?

존   아무것도 아니야. 그냥 궁금해서. 한 가지 더 물어봐도 돼?

리사   그러던지.

존   만약 누군가 네 허락 없이 너의 초콜릿케이크를 먹었다면…

리사   그런 일이 일어났다면, 그 사람은 사망이지.

존   이를 어째….

a big fan of ~의 광팬, 열혈 팬, 매우 좋아하는 사람

1. 나는 《해리포터》 열혈 팬이야.

2. 나는 당뇨병이 있는데도 사탕을 엄청 좋아해.

---

more 형용사 than usual 평소보다 더 ~한

3. 너 평소보다 키가 커 보여.

4. 그는 평소보다 더 오래 자는 거 같아.

---

don't call A B for nothing
이유 없이[괜히] A를 B라 부르는 게 아니다

5. 내가 그를 괜히 멍텅구리라 부르는 게 아니야.

6. 부모님이 나를 이유 없이 잠꾸러기라 부르는 게 아니야.

What if ~? 만약 ~이면 어쩌지?, 만약 ~이면 어떻게 되는 거지?

7. 만약 내가 이번 실패를 극복하지 못하면 어쩌지?

8. 만약 나만 빼고 모두가 그것을 했다면 어떻게 하지?

1. I am a big fan of *Harry Potter*.

2. I am a big fan of candy even though I'm diabetic.

3. You look taller than usual.

4. It seems he sleeps longer than usual.

5. I don't call him an idiot for nothing.

6. My parents don't call me a sleepy head for nothing.

7. What if I never overcome this failure?

8. What if everybody did that except me?

Step 5 | 하고 싶은 말 만들기

앞의 4가지 표현을 이용해서
자신이 하고 싶은 말을 쓰고 말해 보세요.

Lisa Finally, I made it. It smells good, doesn't it?

John Well, sort of. What is it supposed to be?

Lisa It's a pie. And I'll give you the opportunity to taste my very first special pie.

John **Hold that thought!** You mean, I have to taste it?

Lisa Of course you have to. It is a pie. Your favorite.

John But it doesn't look like a pie. And it doesn't smell like a pie.

Lisa Don't worry, it IS a pie. And it is one of a kind.

John No doubt, but I don't like the word 'special.' Explain it more specifically.

Lisa It is an oyster-flavored pie.

John I knew it!

이 표현에서 hold는 '중지하다, 하지 말라'는 뜻으로 보통 명령문에서 쓰인다. Hold fire!(사격 중지!)처럼 말이다. Hold that thought!는 '더 이상 대화를 진행시키지 말고 잠깐만 중지하라!'는 의미로, 상대방의 말에 놀라거나 당황하여 잠깐 대화를 멈추라고 할 때 쓸 수 있다. Wait!와 비슷한 표현이다.

 주요 어휘

one of a kind 유일한, 독특한   specifically 구체적으로

oyster 굴

🎙 **Step 2 | 해석만 보고 영어로 말하기**

리사   드디어 성공했어. 냄새가 좋지, 그치?

존   뭐, 조금. 그거 정체가 뭐야?

리사   이거 파이야. 나의 첫 번째 특별한 파이를 맛볼 기회를 너에게 선사하겠어.

존   잠깐만! 내가 그걸 먹어야 한다는 거야?

리사   당연히 먹어야지. 이건 파이야. 네가 가장 좋아하는 거잖아.

존   하지만 파이처럼 안 보인다고. 또 파이 같은 냄새도 나지 않잖아.

리사   걱정 마, 파이 맞으니까. 게다가 세상에 하나뿐인 거야.

존   그렇게 보여. 그런데 '특별한'이란 말이 맘에 안 들어. 좀 더 구체적으로 설명해 봐.

리사   이건 굴 맛 파이야.

존   그럴 줄 알았어!

make it 성공하다

1. 마침내 내가 해냈어.

2. 수년 간의 훈련 후에 마침내 나는 성공했어!

---

give the opportunity to 동사 ~할 기회를 주다

3. 나에게 무대에서 공연할 기회를 줘.

4. 소수의 직원들만이 CEO가 될 기회를 얻지.

---

one of a kind 유일무이한, 세상에 단 하나뿐인

5. 아무도 그녀를 대신할 수 없는 건 그녀가 진짜 유일무이하기 때문이지.

6. 나는 다시 없을 기회를 제안 받았어.

---

no doubt (의심 없이) 그러리라 생각해

7. 그 소식을 네가 이미 들었을 거라 생각해.

8. 그에게 죄가 없다는 건 의심의 여지가 없어.

1. Finally I made it.

2. After years of training, I made it at last!

3. Give me the opportunity to perform on stage.

4. Only a few employees are given the opportunity to become CEOs.

5. No one can replace her since she is one of a kind.

6. I was offered a one of a kind opportunity.

7. No doubt you've already heard the news.

8. No doubt he is not guilty.

✏️ Step 5 | 하고 싶은 말 만들기

앞의 4가지 표현을 이용해서
자신이 하고 싶은 말을 쓰고 말해 보세요.

Where were we?

어디까지 얘기했더라?

Lisa　Sorry for making you wait. I had to take this phone call. It was Fred.

John　Your ex-boyfriend, Fred? You still keep in touch with your ex even after the breakup?

Lisa　Um… yes. I still get along with him.

John　Or you're cheating on your new boy friend Matt.

Lisa　C'mon, Fred and Matt don't know each other. No harm done.

John　Holy cow! You're cheating on both of them!

Lisa　Let's say I have a little secret. Enough of my secret, **where were we?**

John　We're talking about my secret. I wanted to tell you something, remember?

Lisa　Right. I'm listening.

John　I was about to say that I'm actually Matt's brother.

대화가 중간에 끊어졌다가 다시 이어질 때, 아까 어느 부분에서 중단되었는지 거기에서부터 다시 대화를 시작하자는 의미로 쓴다. 또는 선생님이 지난번 수업 때 어디까지 진도를 나갔는지 학생들에게 묻거나 혼잣말처럼 말할 때도 쓸 수 있는 표현이다.

 주요 어휘

breakup 이별, 붕괴

cheat on (연인 관계) ~를 속이고[몰래] 바람을 피우다

no harm done (큰 피해가 생긴 것은 아니니) 괜찮아, 걱정 마

holy cow 세상에 (곤혹, 놀람)　　　　　　I'm listening. 지금 듣고 있으니 말해 봐

🎙 **Step 2 | 해석만 보고 영어로 말하기**

리사　기다리게 해서 미안. 전화를 받아야 했어서. 프레드였어.

존　　너의 전 남친, 프레드? 헤어진 후에도 여전히 전 남친이랑 계속 연락해?

리사　그게… 맞아. 걔랑 여전히 잘 지내.

존　　아니면 새 남친 매트 몰래 바람을 피우고 있거나.

리사　아니, 프레드와 매트는 서로 몰라. 괜찮아.

존　　세상에! 너 둘 다 속이고 바람 피우고 있는 거네!

리사　나에게 작은 비밀 하나가 있다고 해 두자. 내 비밀은 이 정도로 하고, 우리 어디까지 말했었지?

존　　내 비밀에 대해 말하고 있었어. 내가 너한테 말하고 싶은 게 있다고 한 거 기억나?

리사　맞아. 들을 테니 말해 봐.

존　　내가 말하려고 했던 건, 내가 사실 매트의 형이라는 거야.

keep in touch with ~와 연락을 계속하다

1. 소셜 미디어는 사람들과 계속 연락하는 걸 쉽게 만들어 줘.

2. 나는 이전 동료들과 계속 연락하고 싶지 않아.

---

get along with ~와 잘 지내다

3. 그는 여자들과 잘 지내는 법을 몰라.

4. 나는 왜 사람들과 잘 지내는 게 어려울까?

---

cheat on ~를 속이고[몰래] 바람을 피우다

5. 아내를 두고 바람을 피운 적 있니?

6. 그는 내 친한 친구와 바람을 피웠어.

---

be about to 막 ~하려고 하다, ~할 참이다

7. 나는 사무실을 막 나가려던 참이야.

8. 나에게 안 좋은 일이 생기려고 해.

1. Social media makes it easy to keep in touch with people.

2. I don't want to keep in touch with my former colleagues.

3. He doesn't know how to get along with women.

4. Why is it so hard for me to get along with people?

5. Have you ever cheated on your wife?

6. He cheated on me with my best friend.

7. I'm about to leave the office.

8. Something bad is about to happen to me.

Step 5 | 하고 싶은 말 만들기

앞의 4가지 표현을 이용해서
자신이 하고 싶은 말을 쓰고 말해 보세요.

41 Sounds like a plan.
그렇게 한번 해 보자.

wife	We have spent too much money on food. I can't make ends meet.
husband	What do you say? Let's die from starvation to save money?
wife	I'm not joking and not thrilled about this either, but we must tighten our belts.
husband	OK. Let's eat less. But you do know that's not as easy as it sounds.
wife	I know, so we have to move less to eat less.
husband	You mean, only do the inevitable? Nothing that wastes body energy.
wife	And stop doing unnecessary things, like picking your nose, yawning, chewing…
husband	That's ridiculous. How can I eat food without chewing?
wife	If you swallow food without chewing, it'll slow down digestion.
husband	Why don't you just tell me 'don't swallow anything at all?'
wife	**Sounds like a plan!** I am so glad we are on the same page.

단어 그대로의 의미는 '계획처럼 들린다'인데, '할 만한[시도해 볼 만한] 계획 같다'는 뜻으로, 좋은 계획 같으니 한번 해 보자, Let's do that.의 의미로 쓰인다.

 주요 어휘

make ends meet 수입과 지출을 맞추다   die from starvation 아사하다, 굶어 죽다

be thrilled 굉장히 좋아하다   tight one's belt 허리띠를 졸라매다, 아끼다

inevitable 불가피한   swallow 삼키다

digestion 소화

on the same page 의견이 같은, 마음이 맞는

Step 2 | 해석만 보고 영어로 말하기

아내   우리가 음식에 돈을 너무 많이 쓰고 있어. 수입과 지출을 맞출 수가 없어.

남편   무슨 말이야? 돈을 모으기 위해 굶어 죽자는 거야?

아내   나 농담 아니고, 나도 이러는 게 좋지 않아. 하지만 허리띠를 졸라매야 한다고.

남편   알았어. 좀 덜 먹자. 하지만 당신도 잘 알겠지만 말처럼 쉬운 게 아니야.

아내   알아, 그러니까 우리가 덜 먹으려면 덜 움직여야만 해.

남편   불가피한 것만 하자는 거지! 신체 에너지를 낭비하지 않고.

아내   그리고 불필요한 일들, 이를테면 코 파기, 하품하기, 씹기는 멈추라는 거지.

남편   말도 안 돼. 안 씹고 어떻게 음식을 먹어?

아내   안 씹고 음식을 삼키면 소화를 늦출 거라고.

남편   그냥 '아예 아무것도 삼키지 말라'고 하지 그래?

아내   그렇게 한번 해 보자! 우리의 의견이 같아서 정말 기뻐.

make ends meet
수입과 지출을 맞추다 (지출이 더 많지 않게 하다), 힘겹게 먹고 살다

1. 수입과 지출을 맞추려면 (겨우 먹고 살려면) 직업을 하나 더 찾아야 해.

2. 직장을 그만둔 후 나는 먹고 살기가 힘들어.

---

be thrilled (사람 주어가) 몹시 기뻐하다

3. 나는 이곳에 와서 정말 기뻐.

4. 그에게서 연락이 와서 나는 아주 기뻤어.

---

tighten one's belt 허리띠를 졸라매다, 소비를 줄이다

5. 어려운 시기에 어떻게 하면 내가 소비를 줄일 수 있을까?

6. 허리띠를 졸라매려고 중고 옷을 구매했어.

---

be on the same page 생각[의견, 마음]이 같다

7. 우리 의견이 같은 거지?

8. 우리 둘 다 의견이 같아.

1. To make ends meet, I have to find a second job.

2. After quitting a job, it's hard for me to make ends meet.

3. I am thrilled to be here.

4. I was thrilled to hear from him.

5. How can I tighten my belt in tough times?

6. To tighten my belt, I bought second-hand clothes.

7. Are we on the same page?

8. Both of us are on the same page.

Step 5 | 하고 싶은 말 만들기

앞의 4가지 표현을 이용해서
자신이 하고 싶은 말을 쓰고 말해 보세요.

42 Join the club.
나도 마찬가지야.

John   That huge diamond literally makes my jaw drop! How much is it?

cashier   If you have to ask, you probably can't afford it.

John   Not probably but definitely I can't afford it.

cashier   **Join the club.** Actually not many people can afford it.

John   What do rich customers say when they see it? I'm just curious.

cashier   They say, I'll take this, wrap it up, here's my credit card.

John   That's it? They don't even ask how much it is?

cashier   Nope. Price doesn't matter to them. By the way, why are you here?

John   My girlfriend told me about that huge diamond ring, so…

cashier   Sounds like she is a gold digger.

John   She is not a gold digger. I am an excellent liar.

'클럽에 참가하라'는 뜻인데, 여기서 club은 신세나 처지가 좋지 않은 사람들의 모임을 뜻한다. 즉 좋지 않은 일을 겪는 사람에게 '나도 상황이 좋지 않다, 우리는 신세(처지)가 비슷하다, 나도 마찬가지이다'라는 의미로 쓸 수 있는 표현이다. 더 나아가 '너만 힘든 게 아니고 힘든 (고달픈) 사람이 많다'는 의미로도 쓰인다.

 주요 어휘

customer 고객, 손님

gold digger 꽃뱀(미모를 이용해서 남자의 돈을 뜯어내는 여자)

🎤 Step 2 | 해석만 보고 영어로 말하기

존   저 거대한 다이아몬드는 정말로 입이 쩍 벌어지게 놀랍네요. 얼마예요?

점원   그걸 물어보는 걸로 보아, 손님은 아마도 값을 치르실 수 없을 겁니다.

존   아마도가 아니라 확실히 저는 이걸 살 돈이 없어요.

점원   저도 마찬가지입니다. 사실 저걸 살 만한 사람은 많지 않아요.

존   부자 손님들은 이걸 보고 뭐라고 하나요? 그냥 궁금해서요.

점원   그분들은 이거 살게요, 포장해 주세요, 여기 내 신용 카드입니다, 이러지요.

존   그뿐이에요? 얼마인지조차 묻지 않아요?

점원   안 물어요. 값은 그들에게 문제가 아니거든요. 그런데 여기 왜 오셨나요?

존   여자 친구가 저 거대한 다이아몬드 반지에 관해 저에게 말하길….

점원   여자분이 꽃뱀 같은데요.

존   그녀는 꽃뱀이 아니고요. 제가 대단한 거짓말쟁이에요.

make one's jaw drop

(너무 놀라) 턱이 빠지도록 입이 쩍 벌어지다, 깜짝 놀라다

1. 가격표를 보고 놀라 입이 쩍 벌어졌어.
2. 나의 새 머리 스타일에 다들 놀라 입이 벌어졌어.

---

can't afford 지불할 돈이 없다, 경제적 능력이 없다

3. 나는 암 치료비를 낼 수 없어.
4. 수업료를 낼 수 없어서 한 학기 휴학해야 해.

---

wrap up 포장하다, (하던 일, 수업 등을) 마무리하다, 정리하다

5. 나는 선물을 포장할 시간이 없어.
6. 네가 나비매듭 리본으로 이것을 포장해 줄래?

주어 doesn't matter (주어)는 중요하지 않다, 상관없다

7. 네가 얼마나 많이 실패하든 상관없어.
8. 그게 분홍이든 빨강이든 나는 상관없어.

1. The price tag made my jaw drop.

2. My new hair style made everyone's jaw drop.

3. I can't afford cancer treatment.

4. I must take a semester off because I can't afford tuition.

5. I don't have time to wrap up the present.

6. Will you wrap this up with a bow?

7. It doesn't matter how many times you fail.

8. It doesn't matter to me if it's pink or red.

✏️ Step 5 | 하고 싶은 말 만들기

앞의 4가지 표현을 이용해서
자신이 하고 싶은 말을 쓰고 말해 보세요.

~~~~~~

~~~~~~

~~~~~~

ЧЗ Correction.
정정할게.

John I heard you tripped over a stone on your way to work. Are you OK?

Lisa I am not OK and my knee still hurts.

John Sorry. It appears today is not your lucky day.

Lisa **Correction.** Today is my lucky day. When I fell down, I found a lottery ticket.

John And you won? No way!

Lisa Finally I hit pay dirt and my poor life is now officially over!

John You are one lucky dog. But remember, money can't buy happiness.

Lisa What if I buy you a luxury car?

John Really?

Lisa Suddenly you look happy! It seems money can buy happiness.

John Silly me. Now, let's talk about the car you're going to buy me.

Lisa I said what if, not I will.

앞서 말한 사람의 말이 맞지 않거나 부분적으로 수정해야 할 필요가 있을 때, Correction.이라고 말한 후, 수정한 내용을 말한다.

 주요 어휘

trip over 발이 걸려 넘어지다   lottery ticket 복권

hit pay dirt 횡재하다

Step 2 | 해석만 보고 영어로 말하기

존   너 출근하다 돌에 걸려 넘어졌다고 들었어. 괜찮아?

리사   안 괜찮고, 무릎이 지금도 아파.

존   유감이다. 오늘은 너에게 행운의 날이 아닌 것 같다.

리사   정정할게. 오늘은 나에게 행운의 날이야. 내가 넘어졌을 때 복권을 발견했거든.

존   그게 당첨됐어? 설마!

리사   마침내 나는 횡재를 했고 가난한 삶은 이제 공식적으로 끝이야!

존   너 정말 운이 좋구나. 하지만 기억해, 돈으로 행복을 살 수는 없어.

리사   내가 만약 너에게 고급 자동차를 사 준다면?

존   정말로?

리사   갑자기 너 행복해 보인다! 돈이 행복을 살 수 있는 거 같은데.

존   내가 어리석었어. 그럼 이제 네가 나에게 사 줄 자동차에 대해 이야기해 볼까.

리사   내가 만약이라고 했지, 꼭 그러겠다고는 안 했어.

trip over ~에 발이 걸려 넘어지다

1. 너는 어떻게 같은 돌에 두 번 걸려 넘어지니?

2. 사람들이 계속 전선에 걸려 넘어져.

---

on one's way ~에 가는 길에

3. 너 집에 오는 길이니?

4. 나는 사무실에 오다가 그를 만났어.

---

hit pay dirt 횡재하다, 크게 한몫 잡다

5. 내 꿈은 횡재하는 거야.

6. 이번 투자로 나는 횡재하면 좋겠어.

---

be over 끝나다

7. 파티가 끝났어.

8. 오래전에 우리 관계는 끝났어.

1. How could you trip over the same stone twice?

2. People keep tripping over a cable.

3. Are you on your way home?

4. I met him on my way to the office.

5. My dream is to hit pay dirt.

6. I hope I hit pay dirt with these investments.

7. The party is over.

8. Our relationship was over a long time ago.

✏️ Step 5 | 하고 싶은 말 만들기

앞의 4가지 표현을 이용해서
자신이 하고 싶은 말을 쓰고 말해 보세요.

No offense.
악의는 없어.

John You are so rude. I think you owe me an apology.

Lisa Sorry, did you just say I am rude?

John I did because you are. I lost face during that meeting thanks to you.

Lisa What did I do?

John You said I work poorly and I work less than other employees.

Lisa So you say I owe you an apology because I was being honest?

John You are a mean mean person. And unbelievably rude.

Lisa I'm far from being rude. After saying you work poorly, I added '**no offense.**'

John So that made you not rude?

Lisa Yes, I was well-mannered and you weren't. You didn't say 'none taken.'

John Let me be honest with you. You're ugly, childish and ill-tempered. **No offense.**

Lisa Ouch, taken.

상대가 기분 상할 수 있는 말을 한 뒤, 악의나 악감정은 없이 한 말이니 기분 나빠 하지 말라는 의미로 말끝에 붙이는 표현이다. 상대는 이 말을 듣고, '괜찮다, 기분 나빠하지 않겠다'는 의미로 None taken.이라고 대답할 수 있다.

주요 어휘

owe 빚지다

mean 비열한

ill-tempered 성질이 나쁜

lose face 체면을 구기다

well-mannered 예의를 갖춘

Step 2 | 해석만 보고 영어로 말하기

존   너 정말 무례해. 네가 나에게 사과해야 한다고 생각해.

리사   미안한데, 너 지금 내가 무례하다고 말했니?

존   그랬어, 네가 무례하니까. 네 덕분에 회의에서 내 체면이 구겨졌잖아.

리사   내가 뭘 어쨌다고?

존   너가 나는 일을 못 하고 다른 직원들보다 일을 적게 한다고 말했잖아.

리사   그러니까 내가 솔직했기 때문에 너에게 사과해야 한다는 거야?

존   너 정말 진짜 못된 사람이구나. 그리고 믿을 수 없을 만큼 무례해.

리사   나는 무례한 거랑 거리가 멀어. 너가 일을 못한다고 말한 후에 '악의는 없다'고 덧붙였다고.

존   그래서 네가 무례하지 않다는 거야?

리사   그래, 난 예의를 갖췄고 넌 안 그랬어. 너는 '괜찮습니다' 하지 않았잖아.

존   내가 너한테 솔직할게. 너는 못생겼고 유치하고 성질이 더러워. 악의는 없어.

리사   이런, 괜찮지 않네.

owe ~ an apology ~에게 사과를 해야 한다

1. 내가 왜 그에게 사과를 해야 하는데?

2. 그녀에게 사과해야 하는데 어떻게 해야 할지 모르겠어.

----

lose face 체면을 구기다, 망신당하다

3. 내 비서가 내 상사가 되었을 때 내 체면이 완전히 구겨졌어.

4. 사람들 앞에서 망신당하고 싶은 사람은 없어.

----

far from ~와 거리가 먼, ~가 아닌

5. 너의 이야기는 진실과 거리가 멀어.

6. 모든 사람은 완전하지 않아.

----

be honest with ~에게 솔직하게 말하다

7. 모든 학생들이 교사에게 솔직한 건 아니야.

8. 나는 나 자신에게 솔직하려고 노력해.

1. Why do I owe him an apology?

2. I owe her an apology but I don't know how to do that.

3. I totally lost face when my assistant became my boss.

4. No one wants to lose face in front of people.

5. Your story is far from the truth.

6. Everybody is far from being perfect.

7. Not all students are honest with their teachers.

8. I try to be honest with myself.

✏️ **Step 5** | 하고 싶은 말 만들기

앞의 4가지 표현을 이용해서
자신이 하고 싶은 말을 쓰고 말해 보세요.

45 What's not to like?
싫어할 게 뭐 있어?

John Choose whatever you like. It's on me.

Lisa Thanks. There are so many pretty clothes. I'm torn.

John How about this shirt? It's fabulous. It goes well with your new trench coat.

Lisa Please, don't make me buy the one you like. I don't like it.

John You don't like it? Even though it is awesome and stylish?

Lisa It doesn't feel comfortable. Plus I don't like the color.

John You're being difficult. Just try it on. I'm sure it will look good on you.

Lisa Like I said, I don't like it.

John **What's not to like?** It's comfortable, fashionable and…

Lisa And…?

John And the price is reasonable.

[What's not to + 동사?] 형태로 What's not to love?로도 쓰인다. 여러 다른 동사와 함께 쓰이기보다는 What's not to like?가 가장 흔하게 쓰인다. 자신의 의견에 상대가 동의하지 않을 때, 굳이 동의하지 않을 건 무엇이냐, 한번 해 보라고 재차 권유할 때 쓰는 표현이다.

📖 주요 어휘

I'm torn. 결정하지 못해서 고민되네.

go well with ~와 잘 어울리다

fabulous 멋진, 굉장한

reasonable 합리적인, (가격이) 저렴한

🎤 Step 2 | 해석만 보고 영어로 말하기

존   좋아하는 거 뭐든 골라 봐. 내가 살게.

리사   고마워. 예쁜 옷이 정말 많다. 고민되네.

존   이 셔츠 어때? 멋지잖아. 네 새 트렌치코트랑 잘 어울려.

리사   네가 좋아하는 걸 나한테 사라고 하지 말아 줘. 나 그거 마음에 안 들어.

존   이게 싫어? 멋지고 유행에 맞는데도?

리사   편하지가 않아. 게다가 색깔도 싫어.

존   까다롭게 구네. 한번 입어 봐. 내가 확신하는데 너한테 잘 어울릴 거야.

리사   말했잖아, 그거 싫다고.

존   싫을 게 뭐 있어? 이건 편하지, 멋지지, 그리고…

리사   그리고…?

존   그리고 가격도 싸지.

it's on ~ ~가 사다[사 주다]

1. 커피 한 잔 더 마시고 싶다면, 내가 살게.

2. 가게에서 무료로 주는 거라 너는 돈을 안 내도 돼.

---

go well with ~와 잘 맞다, 순조롭게 되다

3. 모든 것이 프로젝트와 잘 맞니?

4. 이 쿠키가 커피랑 잘 맞는다고 생각하지 않아.

---

try on 시험 삼아 (한번) 입어 보다

5. 구매하기 전에 이 선글라스를 착용해 볼 수 있어.

6. 나는 이 바지가 맞는지 한번 입어 보고 싶어.

---

look good on ~에게 좋게 보이다, ~와 잘 어울리다

7. 너의 새로운 머리 모양이 너에게 잘 맞아 보여.

8. 나는 카메라에 잘 나오고 싶은데, 사진이 안 받아.

1. If you want another cup of coffee, it's on me.

2. You don't have to pay because it's on the house.

3. Is everything going well with the project?

4. I don't think these cookies go well with coffee.

5. You can try on these sunglasses before you buy.

6. I want to try these pants on to see if they fit.

7. Your new hair style looks good on you.

8. I want to look good on camera but I'm not photogenic.

✏️ Step 5 | 하고 싶은 말 만들기

앞의 4가지 표현을 이용해서
자신이 하고 싶은 말을 쓰고 말해 보세요.

~~~~~~

~~~~~~

~~~~~~

46

Enough is enough!
제발 그만!

John Oh my God! Somebody is having a bad hair day today.

Lisa My stupid hair straightener was broken. Please, don't mock my hair.

John But I can't help it. I feel obligated to tease you.

Lisa So many people laughed at me on the way here.

John And you blame them for that? It's totally an OMG situation.

Lisa More like a WTF situation. I'm so embarrassed.

John You sincerely need to hit the beauty salon.

Lisa I know and I will, right after work this evening.

John So I am forced to look at your unbearably ridiculous hair all day long?

Lisa **Enough is enough!** I've heard enough already. Say no more!

John But…

Lisa Zip it!

그만하라고 해도 짜증 나거나 마음에 들지 않는 행동 또는 말을 상대방이 계속할 때, 이 정도로 충분하니까 이제 그만하라는 표현이다. That's enough! 역시 '충분하다', 즉 '그만해' 라는 의미이다.

📖 주요 어휘

hair straightener 고데기(머리카락을 펴는 미용 기계)

mock 놀리다, 흉내 내다

blame for ~로 비난하다

WTF = What The Fuck 제길, 우라질

unbearably 견딜 수 없이

feel obligated to ~해야 할 의무감을 느끼다

laugh at ~를 비웃다

OMG = Oh My God 세상에, 이런

hit ~에 가다

zip it 입에 지퍼를 채우다, 말하지 마

🎙 Step 2 | 해석만 보고 영어로 말하기

존   뭔 일이래! 오늘 누구 머리 완전히 난장판이네.

리사 바보 같은 내 고데기가 고장난 거야. 제발 머리 좀 놀리지 마.

존   하지만 그럴 수가 없어. 난 너를 놀려야 한다는 의무감이 느껴지거든.

리사 여기 오는 길에 너무 많은 사람들이 비웃었다고.

존   그걸 그 사람들 탓을 하는 거야? 이건 완전이 '뭔 일이래!' 상황이잖아.

리사 그보다 '우라질' 상황이라고 해야겠지. 나 너무 창피해.

존   진심으로 너는 미용실에 갈 필요가 있긴 해.

리사 알아, 그래서 저녁에 퇴근하자마자 갈 거야.

존   그럼 나는 하루 종일 견딜 수 없이 웃긴 네 머리를 강제로 봐야만 하는 거야?

리사 제발 그만! 이미 충분히 들었어. 더 이상 말하지 마!

존   하지만…

리사 입 다물어!

feel obligated to ~해야 할 의무감을 느끼다

1. 나는 회의에 참석해야 한다는 의무감을 느껴.

2. 난 그를 돌봐야 한다는 의무감을 느껴.

----

laugh at ~를 비웃다

3. 그들은 너랑 같이 웃은 게 아니라 너를 비웃은 거야.

4. 어떻게 그의 고통을 비웃을 수가 있니?

----

blame A for B A를 B라며 비난하다

5. 이것을 두고 내 탓을 하지 마.

6. 왜 너는 모든 걸 다 네 탓이라고 하니?

----

more like 오히려 ~에 더 가까운

7. 이건 수프처럼 보이지만 죽에 더 가까워.

8. 로봇? 그보다는 인조인간에 더 가까워.

1. I feel obligated to attend the meeting.

2. I feel obligated to take care of him.

3. They didn't laugh with you, they laughed at you.

4. How could you laugh at his pain?

5. Don't blame me for this.

6. Why do you blame yourself for everything?

7. It looks like soup but it's more like porridge.

8. A robot? It's more like a cyborg.

Step 5 | 하고 싶은 말 만들기

앞의 4가지 표현을 이용해서
자신이 하고 싶은 말을 쓰고 말해 보세요.

47 Chillax.
진정해.

husband   I still don't understand why I need amnesia treatment. I'm fine.

wife   That is so not true. You forget everything 24/7.

husband   I forget something from time to time. You make a fuss about nothing.

wife   Grab your car key. We are late already.

husband   My car key…

wife   You forgot where you put it. Again.

husband   Not to worry. I always put it in my bag.

wife   Then, find your bag. At this rate, we can't make it on time.

husband   No problem. Um, my bag…

wife   Again, you don't remember where your bag is. Unbelievable.

husband   **Chillax.** My secretary knows where my bag is.

wife   Then make a call to James and ask where it is.

husband   Who is James?

chill(열을 식히다. 마음을 가라앉히다) + relax(안심하다. 긴장을 풀다)를 합친 표현으로 '흥분을 가라앉히고 진정하라'는 의미이다. 상대가 대화 중 흥분해서 화를 내거나, 긴장하거나 불안해할 때 쓸 수 있다.

📖 주요 어휘

treatment 치료, 처치

amnesia 건망증

24/7 (하루 24시간 주 7일간) 항상

make a fuss 야단법석을 피우다

🎤 Step 2 | 해석만 보고 영어로 말하기

남편 아직도 나는 내가 왜 건망증 치료가 필요한지 이해할 수 없어. 나는 괜찮거든.

아내 절대 사실이 아니야. 당신은 항상 무엇이든 다 까먹어.

남편 내가 가끔 몇 가지를 잊긴 하지. 당신은 아무것도 아닌 걸로 야단법석을 피우고 있어.

아내 자동차 열쇠 챙겨. 우리 이미 늦었어.

남편 내 자동차 열쇠가…

아내 당신, 어디에 뒀는지 까먹었네. 또.

남편 걱정할 필요 없어. 나는 항상 그걸 가방에 넣어 두거든.

아내 그럼 가방을 찾아. 이러다가 제시간에 못 가겠어.

남편 문제없어. 어, 가방이…

아내 또, 가방을 어디에 뒀는지 기억을 못 하네. 기가 막혀서.

남편 진정해. 내 비서는 가방이 어디 있는지 알고 있어.

아내 그럼 제임스한테 전화해서 어디 있는지 물어봐.

남편 제임스가 누군데?

from time to time 때때로, 가끔

1. 나는 그의 집을 가끔 방문해.

2. 나는 이따금 낚시를 가.

---

make a fuss 야단법석을 피우다

3. 네 성적이 나쁘다고 야단법석 떨지 마.

4. 아무것도 아닌 일로 생난리 좀 그만 피워!

---

at this rate 이런 식으로, 이러다가

5. 이런 식이면 화석 연료가 곧 고갈될 거야.

6. 이러면 너는 일을 절대 끝낼 수 없어.

---

make a call to ~ ~에게 전화를 걸다

7. 왜 그에게 전화하길 원하는 거야?

8. 너는 원할 때 언제든 나에게 전화할 수 있어.

1. I visit his house from time to time.

2. I go fishing from time to time.

3. Don't make a fuss over your low grade.

4. Stop making a big fuss about nothing!

5. At this rate, fossil fuels will run out soon.

6. At this rate, you will never finish your work.

7. Why do you want to make a call to him?

8. You can make a call to me whenever you want.

✏️ Step 5 l 하고 싶은 말 만들기

앞의 4가지 표현을 이용해서
자신이 하고 싶은 말을 쓰고 말해 보세요.

48 So typical.
그럼 그렇지.

Lisa Do you know where Robert is?

John In the kitchen as usual. He's been eating everything in the kitchen.

Lisa **So typical.** I'm worried about the global food crisis because of him.

John You'd better stop worrying about him, and start worrying about yourself.

Lisa What did I do?

John You've been dieting for a million years. You are a walking skeleton.

Lisa No, I am just slim. I look gorgeous.

John That's what you think. You look pathetic. You look sick. Eat something.

Lisa I eat well.

John You eat once in a blue moon.

Lisa That's not true.

John You're right. You eat twice in a blue moon.

대화문의 경우 It is so typical of him.은 '그(로버트) 답다'를 줄인 표현이다. 로버트가 할 만한, 로버트가 한 행동으로 놀랍지 않다는 의미이다. It's so typical. 혹은 So typical.이라고 하면, 어떤 상황에 대해 평소에도 그래 왔기 때문에 그리 놀랍지 않다는 의미의 표현이다. '그럼 그렇지', '놀랍지도 않네', '원래 그래' 등으로 번역될 수 있다.

 주요 어휘

typical 전형적인

once in a blue moon 어쩌다 한 번, 극히 드물게

 **Step 2 | 해석만 보고 영어로 말하기**

리사   로버트 어디 있는지 알아?

존   평소처럼 부엌에 있지. 부엌에 있는 거 전부 다 먹고 있는 중이야.

리사   그(로버트)답다. 나는 걔 때문에 지구 식량 위기가 걱정이야.

존   걔 걱정은 그만두고 너 자신을 걱정하는 게 더 나을 텐데.

리사   내가 뭐 어쨌다고?

존   너는 수백만 년 동안 다이어트를 하고 있잖아. 너는 걸어 다니는 해골이야.

리사   아니야, 난 날씬할 뿐이야. 나는 멋져 보인다고.

존   그건 네 생각이지. 너 불쌍해 보여.
아파 보인다고. 뭐 좀 먹어.

리사   나 잘 먹어.

존   너는 어쩌다 한 번 먹잖아.

리사   그렇지 않아.

존   맞아. 너는 어쩌다 두 번 먹지.

as usual 평소처럼

1. 나는 평소처럼 셔츠와 청바지를 입고 있어.

2. 나는 평소와 똑같이 아침 식사로 시리얼을 먹었어.

---

stop -ing ~하는 것을 멈추다

3. 너의 건강을 위해 담배를 끊어.

4. 그녀에 대한 생각을 멈출 수가 없어.

---

have p.p. + for 기간 (기간) 동안 ~해 오다 (현재완료)

5. 엄마는 석 달간 입원 중이야.

6. 나는 연속 24시간 동안 일하고 있어.

---

once in a blue moon 극히 드물게, 아주 가끔

7. 나는 거의 운동을 안 해. (극히 드물게 운동해)

8. 나는 텔레비전을 아주 가끔 봐.

1. I am wearing a shirt and jeans as usual.

2. I ate cereal for breakfast, same as usual.

3. Stop smoking for your health.

4. I can't stop thinking about her.

5. My mom has been hospitalized for 3 months.

6. I have worked for 24 hours straight.

7. I exercise once in a blue moon.

8. I watch TV once in a blue moon.

Step 5 | 하고 싶은 말 만들기

앞의 4가지 표현을 이용해서
자신이 하고 싶은 말을 쓰고 말해 보세요.

49 It's a steal!
거의 거저야!

clerk   You should buy this shirt. It fits you well, perfectly even.

customer   Actually I plan to propose to my girlfriend wearing some new clothes.

clerk   Then, all the more reason for you to buy it.

customer   But the problem is, it's too expensive.

clerk   It's your lucky day. We're having a sale on these with a 10% discount.

customer   10%? Then, it's 90 dollars. It's still high.

clerk   Only $90 for this luxurious and stylish shirt! **It's a steal!**

customer   It IS a nice shirt. I hope this time she will accept it.

clerk   Wait, did she reject your proposal before?

customer   She did. That was very hurtful.

clerk   And you think you can change her mind by wearing new clothes?

customer   You said it fits me perfectly. It will make me look attractive.

clerk   Have you ever thought she refused to marry you not because of your clothes, but because of you?

훔친 물건은 값을 내지 않은 물건이다. 이 표현은 마치 값을 내지 않고 훔치는 것과 같다는, 너무 싸서 거의 공짜에 가깝다는 의미이다.

 주요 어휘

all the more reason 더욱 ~할 이유가 되는

Step 2 | 해석만 보고 영어로 말하기

점원	이 셔츠 꼭 구매하세요. 손님께 잘 맞아요. 심지어 완벽할 정도예요.
고객	사실 새 옷을 입고 여자 친구에게 청혼할 계획이에요.
점원	그렇다면 더욱 더 이걸 사야 할 이유가 되네요.
고객	그런데 문제는, 너무 비싸다는 거지요.
점원	운이 좋으시네요. 저희가 이것들을 10% 할인하는 중이거든요.
고객	10%요? 그럼 90달러인데. 그래도 비싸요.
점원	고급지고 멋진 셔츠가 겨우 90달러인데요! 이건 거의 거저예요!
고객	좋은 셔츠이긴 해요. 이번에는 그녀가 (청혼을) 받아 주면 좋겠는데.
점원	잠깐만요, 그녀가 전에 청혼을 거절했었나요?
고객	그랬어요. 마음이 찢어질 뻔했죠.
점원	손님은 새 옷을 입으면 그녀의 마음을 바꿀 수 있다고 생각하세요?
고객	이게 저한테 완벽하게 맞는다면서요. 이게 저를 매력적으로 보이게 해 주겠지요.
점원	그녀가 결혼을 거절한 게, 손님 옷이 아니라 손님 때문이라고 생각해 본 적은 없으세요?

205

fit well 잘 맞다, 어울리다

1. 이 신발은 나에게 잘 맞아.

2. 이 마스크는 잘 맞지 않아서 불편해.

----

all the more reason 더욱 ~할 이유가 되는

3. 그게 네가 더욱 열심히 일해야 할 이유가 되지.

4. 그렇다면 더더욱 너의 안전을 위해 집에 머물러야지.

----

have a sale on ~를 싸게[할인해서] 팔다

5. 이 가게는 블랙프라이데이에 크게 세일할 거야.

6. 이케아에서 침대 세일을 언제 할까?

Have you ever thought (that) ~?
너는 ~라고 생각한 적 있니?, ~라는 생각 안 해 봤어?

7. 네가 틀렸을 수 있다고 생각해 본 적 있니?

8. 네가 이걸 책임져야 한다는 생각을 해 본 적 있니?

1. These shoes fit me well.

2. This mask doesn't fit well making me uncomfortable.

3. That's all the more reason for you to work harder.

4. It's all the more reason to stay home for your safety.

5. This shop will have a big sale on Black Friday.

6. When will IKEA have a sale on beds?

7. Have you ever thought you might be wrong?

8. Have you ever thought you should take responsibility for it?

Step 5 ┃ 하고 싶은 말 만들기

앞의 4가지 표현을 이용해서
자신이 하고 싶은 말을 쓰고 말해 보세요.

~~~~~~~~~~~~~~~~~~~~~~~~~~~~~~~~~~~~~~

~~~~~~~~~~~~~~~~~~~~~~~~~~~~~~~~~~~~~~

~~~~~~~~~~~~~~~~~~~~~~~~~~~~~~~~~~~~~~

50 Busted!

딱 걸렸네!

Lisa   Are you eating my pumpkin pie? It's almost gone!

John   How could you be sure it's your pie? It could be anybody's pie.

Lisa   Judging by these remnants, I'm sure it's my pie. How could you do this?

John   I was hungry and I happened to find it in the fridge.

Lisa   You should have asked me because it's not your pie.

John   After I found it, one thing led to another, and I ended up eating it.

Lisa   One thing led to another? You liar.

John   I didn't know it's yours.

Lisa   There was a note on top of it : For Lisa. As you know, Lisa is my name.

John   **Busted!**

〈주어 + be busted〉를 줄인 표현으로, 무언가 나쁜 짓을 몰래 하다 걸렸을 때 하는 표현이다. 혼잣말처럼 할 수도 있고, 걸린 사람을 보고 You are so busted.(너 완전 걸렸어.) 등으로 표현할 수도 있다.

 주요 어휘

remnant 남은 것

end up -ing 결국 ~하다

fridge 냉장고(= refrigerator)

Step 2 | 해석만 보고 영어로 말하기

리사   내 호박파이 먹는 거야? 거의 다 없어졌네!

존   이게 네 파이라고 어떻게 확신할 수 있어? 다른 사람의 파이일 수도 있잖아.

리사   남은 부분으로 판단할 때 내 파이가 확실해. 어떻게 이럴 수 있어?

존   내가 배고팠는데 우연히 냉장고에서 이걸 찾은 거야.

리사   네 파이가 아니니까 나한테 물어봤어야지.

존   이걸 찾은 후에, 어쩌다 보니 결국 먹게 된 거라고.

리사   어쩌다 보니? 거짓말쟁이.

존   네 것인지 몰랐다니까.

리사   그거 위에 '리사에게'라는 쪽지가 있었잖아.
         너도 알다시피 리사는 내 이름이야.

존   딱 걸렸네!

How could you be sure (that)? ~를 어떻게 그렇게 확신할 수 있어?

1. 그가 시험에서 부정행위를 했다고 어떻게 확신할 수 있어?

2. 내가 거짓말을 한다고 어떻게 확신하는 거야?

Judging by ~ ~로 판단할 때

3. 제목으로 판단할 때 이 책은 분명 재미없을 거야.

4. 상황으로 판단할 때 나는 조만간 승진하겠어.

---

happen to 우연히[어쩌다] ~하게 되다

5. 나는 길에서 우연히 그를 만났어.

6. 나는 어쩌다 회사원이 되었어.

---

one thing led to another 어쩌다 보니, 그렇게 하다 보니

7. 쇼핑몰에 갔는데, 어쩌다 보니 물건을 엄청 사고 말았어.

8. 어쩌다 보니, 나는 결혼을 했고 지금 애가 셋이야.

1. How could you be so sure he cheated on the test?

2. How could you be sure I was lying?

3. Judging by the title, this book must be boring.

4. Judging by the situation, I will get promoted soon.

5. I happened to meet him in the street.

6. I happened to become an office worker.

7. I went to the mall, one thing led to another, and I bought tons of stuff.

8. One thing led to another, I got married and now have three kids.

✏️ Step 5 | 하고 싶은 말 만들기

앞의 4가지 표현을 이용해서
자신이 하고 싶은 말을 쓰고 말해 보세요.

51 I thought as much.
이럴 줄 알았어.

patient Doc. I have a situation. My stomach is killing me.

doctor Don't worry. I am an expert in stomachaches. What did you eat for lunch?

patient I ate only hot dogs.

doctor Were they hot or spicy? Or too greasy, salty and what not?

patient No, they were just regular average hot dogs.

doctor Did you swallow it without chewing?

patient Of course not.

doctor Did they taste weird or leave a bad taste in your mouth?

patient Nothing unusual about these hot dogs. What causes my pain, doc?

doctor It seems hot dogs are not the cause, unless you ate tons of them.

patient Not 'tons' of them, but I did eat 18 of them.

doctor **I thought as much.**

상대방의 말 또는 행동을 듣거나 본 후, 어느 정도 그러리라 예상했다는 어감으로 '그럴 줄 알았어', '그리리라 예상했어'라는 의미이다. 상대에게 하는 대답으로, 혹은 혼잣말로 쓰기도 한다.

 주요 어휘

expert 전문가   greasy 기름진

and what not 기타 등등, 뭐 그런 것들

Step 2 | 해석만 보고 영어로 말하기

환자 선생님, 심각한 문제가 생겼어요. 배가 아파 죽겠어요.

의사 걱정 마세요. 저는 복통 전문가입니다. 점심에 뭘 드셨나요?

환자 핫도그만 먹었어요.

의사 맵거나 자극적이었나요? 아니면 너무 기름지거나, 짜거나, 뭐 그랬나요?

환자 아니요, 그냥 일반적인 보통 핫도그였어요.

의사 씹지 않고 삼켰나요?

환자 당연히 아니지요.

의사 맛이 이상했거나, 입에 안 좋은 뒷맛이 남았나요?

환자 핫도그에 이상한 점은 없었어요. 선생님, 통증의 원인이 뭘까요?

의사 핫도그가 원인 같지는 않아요, 당신이 몇 톤을 먹은 게 아니라면 말이지요.

환자 몇 톤은 아니지만, 18개를 먹긴 했어요.

의사 그럴 줄 알았어요.

have a situation 심각한 문제가 있다

1. 너의 실수 덕분에 우리는 심각한 문제에 빠졌어.

2. 너의 상사에게 우리에게 심각한 문제가 있다고 말해.

----

be killing me ~ 때문에 아파 죽겠다, 고통스럽다

3. 발이 아파 죽겠어.

4. 숙취로 너무 고통스러워서 일하러 갈 수가 없어.

----

and what not[whatnot] 기타 등등, ~ 따위

5. 너는 문자, 편지 같은 것들을 나에게 보내도 돼.

6. 나는 음식을 준비했고, 상도 차렸고, 그랬어.

----

leave a bad taste in one's mouth
입에 나쁜 맛이 남다, 뒷맛이 나쁘다

7. 이 약은 내 입에 나쁜 맛이 남아.

8. 이건 왜 뒷맛이 안 좋지?

1. Thanks to your mistake, we have a situation.

2. Tell your boss that we have a situation.

3. My feet are killing me.

4. I can't go to work since this hangover is killing me.

5. You can send me text messages, letters, and what not.

6. I prepared food, set the table and whatnot.

7. This medicine leaves a bad taste in my mouth.

8. Why does it leave a bad taste in my mouth?

✏️ Step 5 | 하고 싶은 말 만들기

앞의 4가지 표현을 이용해서
자신이 하고 싶은 말을 쓰고 말해 보세요.

~~~~~~~~~~~~~~~~~~~~~~~~~~~~~~~~~~~~~

~~~~~~~~~~~~~~~~~~~~~~~~~~~~~~~~~~~~~

~~~~~~~~~~~~~~~~~~~~~~~~~~~~~~~~~~~~~

52 So be it.
그럼 그러던지.

John Add some mayo, it makes it tastier. Like this.

Lisa Hey, easy does it. You'll mess it up.

John Trust me. Mayonnaise is a magic sauce.
I speak from experience.

Lisa Eww. It must have been extremely greasy.

John On the contrary, it's pretty tasty. You should try it.

Lisa No thanks.

John **So be it.** But it's your loss. It tastes better than it looks.

Lisa No matter what you say, I won't eat it. I would rather starve.

John Stop being a picky eater. I don't mean to brag, but I'll eat anything.

Lisa Anything?

John Anything and everything. Snail, pigeon… anything, you name it, I can eat it.

Lisa How about poison?

Let it be that way!, Be it so,로도 쓰는데 '말하는 상황의 상태 그대로 두겠다(I accept it as it is now.)'는 의미이다. 상대의 말에 동의 및 확인하는 표현으로, 성경에 나오는 히브리어 Amen과 유의어로 통하기도 한다. 썩 내키지는 않지만 어쩔 수 없이 동의한다는 어감이다.

📚 **주요 어휘**

easy does it (소스, 양념 등을) 너무 많이 넣지 마라, 적당히 넣어라

picky eater 편식가, 까다롭게 먹는 사람

brag 자랑하다

🎙 **Step 2 ┃ 해석만 보고 영어로 말하기**

존	마요네즈를 추가하면 더 맛있어져. 이렇게 말이야.
리사	야, 적당히 해. 네가 망쳐놓겠어.
존	날 믿어. 마요네즈는 마법의 소스라니까. 경험에서 나오는 말이야.
리사	으웩. 엄청나게 느끼할 게 분명해.
존	반대로 꽤 맛있어. 너도 먹어 봐.
리사	사양할게.
존	그러던지. 하지만 네 손해야. 이거 보기보다 더 맛있다고.
리사	네가 뭐라 하든, 난 그거 안 먹어. 차라리 굶겠어.
존	편식 좀 하지 마. 자랑하는 건 아니지만 나는 아무거나 다 먹어.
리사	아무거나 다?
존	아무거나 전부 다. 달팽이, 비둘기… 뭐든 말만 해 봐, 내가 다 먹을 수 있어.
리사	독은 어때?

speak from experience 경험해 보고 말하다

1. 나도 그런 적 있어서 지금 경험에서 하는 말이야.

2. 내가 경험에서 말할 때 내 말을 듣는 게 좋아.

It tastes ~ ~맛이 나다

3. 진심으로 이거 발 냄새 맛이야! (맛없어!)

4. 이건 설탕 때문에 달콤한 맛이 나.

---

would rather A (than B) (B 하느니) 차라리 A 하겠다

5. 나는 그와 결혼하느니 차라리 혼자 살겠어.

6. 너랑 노느니 차라리 나는 텔레비전을 볼래.

---

stop –ing ~하기[인 상태]를 그만두어라, ~행동을 멈춰라

7. 이기적이지 말고 다른 사람들을 배려해라.

8. 너 건강을 위해 정크푸드 먹는 걸 그만두는 게 좋겠어.

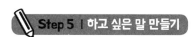
1. I have been there, so I am speaking from experience.

2. You had better listen to me when I speak from experience.

3. It tastes like feet, literally!

4. It tastes sweet because of sugar.

5. I would rather live alone than marry him.

6. I would rather watch TV than play with you.

7. Stop being selfish and be considerate of others.

8. You had better stop eating junk food for your health.

Step 5 | 하고 싶은 말 만들기

앞의 4가지 표현을 이용해서
자신이 하고 싶은 말을 쓰고 말해 보세요.

~~~~~~

~~~~~~

~~~~~~

53 About time.
빨리도 하네.

John   Here is your textbook. Thanks for lending it.

Lisa   **About time.** I had an exam yesterday and
        I needed this book.

John   Oh, sorry. How did you prepare for it without
        the textbook?

Lisa   I didn't because I couldn't.

John   How did you manage?

Lisa   Needless to say, I screwed up.

John   So sorry. You should've called me. I would
        have brought it back to you.

Lisa   I totally forgot about it.

John   I didn't know that you had an exam yesterday.

Lisa   Me neither.

John   Then… can I take back my apology?

'더 일찍 했어야 했다'는 뜻으로, 무언가를 너무 늦게 했을 때 '이제 와서 하냐' 또는 비꼬는 말투로 '빨리도 하네'와 같이 반어적으로 표현할 수도 있다. Just about time!으로 쓰기도 한다.

📖 주요 어휘

needless to say 말할 필요도 없이

take back 취소하다, 되돌리다

screw up 망치다, 실패하다

🎤 Step 2 | 해석만 보고 영어로 말하기

존   여기 네 교과서야. 빌려줘서 고마워.

리사   빨리도 준다. 나, 어제 시험이었고 이 책이 필요했었어.

존   아, 미안해. 교과서 없어 어떻게 준비했어?

리사   할 수 없어서 못 했어.

존   어떻게 봤어?

리사   말할 필요도 없이 당연히 망쳤지.

존   너무 미안하다. 나한테 전화했어야지. 너에게 돌려줬을 텐데.

리사   완전히 까먹고 있었어.

존   나는 네가 어제 시험이었는지 몰랐어.

리사   나도 몰랐어.

존   그렇다면… 내가 사과한 거 취소해도 될까?

prepare for ~를 준비하다

1. 전염병 대유행을 어떻게 대비할 수 있을까?

2. 회의를 준비할 시간이 좀 필요해.

---

screw up 망치다

3. 이번에 내가 정말 망쳐 놓은 것 같아.

4. 나는 취업 면접을 망쳤어.

---

would have p.p. ~이었을 것이다

5. 네가 아니라면 내 삶은 달랐을 거야.

6. 너를 만났다면 나는 너에게 미안하다고 말했을 거야.

---

take back (이미 한 말을) 취소하다, 되돌리다

7. 내가 말한 거 취소할게.

8. 그 말 취소하고 나에게 사과해.

1. How can I prepare for the pandemic?

2. I need some time to prepare for the meeting.

3. I'm afraid I really screwed up this time.

4. I screwed up my job interview.

5. My life would have been different without you.

6. I would have said sorry to you if I had met you.

7. I take back what I said.

8. Take it back and apologize to me.

✏️ **Step 5** | 하고 싶은 말 만들기

앞의 4가지 표현을 이용해서
자신이 하고 싶은 말을 쓰고 말해 보세요.

~~~~~~~~~~~~~~~~~~~~~~~~~~~~~~~~~~~~

~~~~~~~~~~~~~~~~~~~~~~~~~~~~~~~~~~~~

~~~~~~~~~~~~~~~~~~~~~~~~~~~~~~~~~~~~

54 I insist.
꼭 그렇게 할래.

Lisa   Hey, I accidentally broke your pencil. Sorry.

John   It's broken in half. It's my favorite.

Lisa   I'm very very sorry about that. I will buy you a new one.

John   Forget it. You know, friends before pencils.

Lisa   Thanks for understanding. Anyway, I will buy you a new one. **I insist.**

John   If you insist. As a matter of fact, I broke something of yours, too.

Lisa   You did?

John   I have secretly used your laptop for some time.

Lisa   What?

John   And it got viruses when I downloaded some games.

Lisa   I beg your pardon? You did what?

John   Well, you broke my thing, I broke your thing, so let's call it a draw.

'나는 주장한다, 고집을 부리다'라는 뜻인데, 앞에서 말한 내용에 대해 '반드시 그렇게 하겠다', '네가 뭐라든 나는 이를 고집할 것이다'라며 자신의 의지를 강조할 때 뒤에 덧붙이는 표현이다.

 주요 어휘

laptop 노트북

 **Step 2 | 해석만 보고 영어로 말하기**

리사	야, 내가 어쩌다 네 연필을 부러뜨렸어. 미안해.
존	연필이 두 동강 났네. 내가 가장 좋아하는 건데.
리사	정말 정말 미안해. 내가 새 거로 하나 사 줄게.
존	괜찮아. 연필보다 친구가 먼저지.
리사	이해해 줘서 고마워. 아무튼 새 거 사 줄게. 꼭 그럴 거야.
존	네가 정 그렇다면. 사실 나도 네 물건을 망가뜨렸어.
리사	그래?
존	내가 한동안 너 몰래 네 노트북을 사용해 왔거든.
리사	뭐라고?
존	그런데 내가 게임 몇 개 다운받을 때 바이러스에 감염됐어.
리사	뭐라고? 네가 어쨌다고?
존	뭐, 너도 내 물건 망가뜨리고, 나도 네 물건 망가뜨렸으니 서로 비긴 거로 하자.

in half 반으로, 반토막이 되어

1. 이 종이를 반으로 잘라.

2. 이 방을 반으로 나누자.

A before B B보다 A가 먼저[우선]

3. 미인보다 어르신 먼저.

4. 여자보다 남자 친구의 우정이 먼저.

----

for some time 한동안

5. 나는 그만두는 걸 한동안 생각해 왔어.

6. 나는 한동안 여기에 살아 왔어.

----

call it a draw 무승부로 하다, 비긴 거로 하다

7. 우리 중 누구도 이기지 않았으니 비긴 거로 하자.

8. 우리는 같은 점수니까 우린 무승부로 할 거야.

1. Cut this paper in half.

2. Let's divide this room in half.

3. Age before beauty.

4. Bros before hoes.

5. I have been thinking about quitting for some time.

6. I have been living here for some time.

7. Neither of us won, so let's call it a draw.

8. We have the same score, so we'll call it a draw.

✏ Step 5 | 하고 싶은 말 만들기

앞의 4가지 표현을 이용해서
자신이 하고 싶은 말을 쓰고 말해 보세요.

55 Look who's talking!
사돈 남 말 하네!

John Never in a million years did I think I would get fired.

Lisa You're fired? I mean, at last?

John What? I have worked my tail off for this company!

Lisa It pains me to say it, but your value as an employee was next to nothing.

John How can you say that!

Lisa Not to put too fine a point on it, you're not very productive at work.

John **Look who's talking!** Or should I say, the pot calling the kettle black.

Lisa You think I'm not productive at work either?

John Yes I do, and you're not in a position to talk.

Lisa You don't say! My name is on the layoff list?

John Even though you have worked your tail off for this company, right?

Lisa You're telling me!

'지금 누가 말하는지 좀 봐라'라는 의미인데, '너도 그러면서 네가 그런 말을 하느냐'의 뜻이다. 대화문에 함께 나온 a pot calling kettle black(검정 단지가 검정 주전자에게 검다고 말한다)이라는 표현도 같은 의미이다. 비슷한 의미의 우리말 속담으로는 '똥 묻은 개가 겨 묻은 개 나무란다', '사 돈 남 말 하네' 등이 있다.

 주요 어휘

never in a million years 결코, 절대　　work one's tail off 뼈 빠지게 일하다

next to nothing 거의 없는　　not to put too fine a point on it 솔직히 말해서

productive 생산적인

Step 2 | 해석만 보고 영어로 말하기

존　　내가 해고당할 줄은 꿈에도 생각 못 했어.

리사　너 해고당했어? 내 말은, 이제야?

존　　뭐야? 나는 이 회사를 위해 뼈 빠지게 일했다고!

리사　이렇게 말해서 나도 마음이 아프지만, 직원으로서 너의 가치는 거의 없어.

존　　어떻게 그런 말을!

리사　솔직히 말해서 너는 일할 때 그렇게 생산적이지 않아.

존　　사돈 남 말 하네! 아니면 똥 묻은 개가 겨 묻은 개 나무란다고 해야 하나?

리사　넌 나 역시 일할 때 생산적이지 않다고 생각하는 거야?

존　　어, 그리고 네가 그렇게 말할 처지는 아닐 텐데.

리사　설마! 내 이름이 해고자 명단에 있어?

존　　네가 뼈 빠지게 회사를 위해 일했는데도 말이야, 그렇지?

리사　내 말이!

never in a million years 결코, 전혀

1. 나는 그를 다시 만날 수 있으리라고 전혀 생각하지 못했어.

2. 내가 게임에서 이기리라고 전혀 생각한 적 없어.

---

work one's tail off 뼈 빠지게 일하다, 매우 열심히 일하다

3. 나의 부모님은 가족을 부양하기 위해 뼈 빠지게 일해.

4. 나는 뼈 빠지게 일하지만 집세를 간신히 낼 뿐이야.

---

next to nothing 거의 없는, 실제로 아니라고 할 수 있는

5. 나는 직업이 두 개인데, 돈은 거의 못 모아.

6. 나는 정치에 관해 아는 게 하나도 없다고 할 정도야.

---

not in a position to ~ ~할 수 있는 처지[상황, 위치]가 아닌

7. 미안하지만 나는 그걸 대답할 위치가 아니야.

8. 현재 나는 너를 도와줄 수 있는 상황이 아니야.

1. I never in a million years thought I could meet him again.

2. Never in a million years did I think I'd win the game.

3. My parents work their tails off to support family.

4. I work my tail off but can barely pay my rent.

5. I have two jobs but I save next to nothing.

6. I know next to nothing about politics.

7. Sorry but I'm not in a position to answer that.

8. I am currently not in a position to help you.

Step 5 | 하고 싶은 말 만들기

앞의 4가지 표현을 이용해서
자신이 하고 싶은 말을 쓰고 말해 보세요.

56 Bite me!
입 닥쳐!

John　I just met Bob and Lilly. They walked hand in hand, like a couple.

Lisa　Please say no more.

John　I am talking about Bob, your significant other.

Lisa　He is not. So I couldn't be less interested.

John　Oh, you two broke up? I didn't know that you broke up with him.

Lisa　I did. And don't feel sorry for me because I am fine.

John　It must be hard to hear your ex moves on way too quickly.

Lisa　Please, I don't want to hear about it. I don't care.

John　But he is dating one of your close friends. She's quite pretty, but still...

Lisa　She's not that pretty. And please, stop it.

John　They really looked like a long-lasting couple. Maybe they...

Lisa　For the love of... **Bite me!**

기본적으로 Leave me alone.의 뜻인데, '꺼져', '닥쳐', '시끄러워' 등의 의미를 포함한다. 어감이 Go away!보다 Go to hell!에 더 가깝다고 할 정도로 짜증, 불쾌감을 드러내는 표현이다. 허물없는 친한 사이가 아니라면 무례한 표현이 될 수도 있다.

 주요 어휘

a significant other 중요한 상대, 결혼 상대, 배우자

couldn't be less interested 이보다 관심이 덜 할 수 없다, 전혀 관심 없다

move on (슬픔, 역경 등을) 극복하고 앞으로 (새로운 미래로) 나아가다

long-lasting 오래 지속된

🎙️ **Step 2 | 해석만 보고 영어로 말하기**

존　나 방금 밥이랑 릴리 만났거든. 걔들 손을 잡고 걷는 게, 마치 커플 같았어.

리사　제발 그만 말해.

존　나는 밥에 관해 말하고 있다고, 네 천생연분 말이야.

리사　(천생연분) 아니야. 그러니까 난 전혀 관심 없거든.

존　어, 너희 둘 헤어졌어? 나는 네가 걔랑 헤어진 줄 몰랐어.

리사　헤어졌어. 그리고 나는 괜찮으니까 날 불쌍하게 여기지 말아 줘.

존　전남친이 너무 빨리 극복한 걸 듣기가 쉽지 않겠구나.

리사　제발, 듣고 싶지 않다고. 난 상관 안 해.

존　하지만 그는 네 친한 친구 중 한 명이랑 사귀잖아. 그녀가 꽤 예쁘긴 하지만, 그래도…

리사　걔는 그렇게 예쁘지 않아. 그리고 제발, 그만.

존　걔들 정말로 오래된 연인 같았거든. 어쩌면 걔들…

리사　아, 진짜… 입 닥쳐!

hand in hand 손을 잡고, 손을 맞잡고 함께

1. 우리는 손을 맞잡고 같이 일하기로 결정했어.

2. 나는 두 아이가 손을 잡고 돌아다니는 걸 봤어.

---

break up with (연인 관계)가 깨지다, 헤어지다

3. 너는 그와 왜 헤어진 거야?

4. 나는 그녀와 헤어지고 싶지 않아.

---

feel sorry for ~를 불쌍하게 여기다

5. 이제 그가 구직자라니, 그가 안됐어.

6. 왜 나는 항상 나 자신을 불쌍하게 여길까?

---

move on 극복하고 앞으로 나아가다

7. 그를 이제 그만 잊고 극복할 때야.

8. (연인과) 헤어진 후 나는 어떻게 극복해야 할까?

1. We decided to work hand in hand.

2. I saw two kids going around hand in hand.

3. Why did you break up with him?

4. I don't want to break up with her.

5. I feel sorry for him now he's a job seeker.

6. Why do I always feel sorry for myself?

7. It's time to get over him and move on.

8. How can I move on after a breakup?

Step 5 | 하고 싶은 말 만들기

앞의 4가지 표현을 이용해서
자신이 하고 싶은 말을 쓰고 말해 보세요.

~~~~~~

~~~~~~

~~~~~~

57 No ifs, ands, or buts.

더 이상 따지지 마.

customer I want my money back. I found something horrible inside this burger.

clerk Really? What did you find? Can I see it?

customer You can't because I swallowed it the moment I felt it in my mouth.

clerk But there's nothing I can do if you can't show it to me.

customer Don't say 'but'. I really truly felt something hard in my mouth.

clerk What if it were your teeth? It's possible.

customer It's not. It was definitely not my teeth.

clerk You might have taken one of the ingredients for a foreign object.

customer It was not food. Give me my money back. **No ifs, ands, or buts.**

clerk Sorry but you have to show me that thing first.

customer Then I'll have to throw it up on you, right here, right now.

if, and, but이라는 단어를 쓰지 말라는 의미로, 이런저런 이야기를 덧붙여 내 말에 반박하려는 상대방에게 잔말 말고, 따지지도 말라고 요구할 때 쓸 수 있는 표현이다.

 주요 어휘

foreign object 이물질   **throw up** 토하다, 게우다(= vomit)

 **Step 2 | 해석만 보고 영어로 말하기**

손님 환불받고 싶어요. 이 버거 안에서 끔찍한 걸 발견했어요.

점원 그래요? 무엇을 발견했나요? 제가 볼 수 있을까요?

손님 그럴 수 없는 게, 입 안에서 그걸 느낀 순간 제가 삼켰거든요.

점원 하지만 제게 그걸 보여 주지 못하시면 제가 할 수 있는 건 없어요.

손님 '하지만'이라 하지 마세요. 진짜로 정말로 입 안에서 단단한 걸 느꼈다고요.

점원 그게 만약 손님의 이라면요? 그럴 수도 있잖아요.

손님 그렇지 않아요. 절대 내 이가 아니었어요.

점원 재료 중 하나를 이물질로 착각했을 수도 있잖아요.

손님 그건 음식이 아니었다고요. 제 돈 돌려주세요. 이것저것 따지지 말고요.

점원 죄송하지만 먼저 그것을 저에게 보여 주셔야 해요.

손님 그럼 당장 여기에서 당신에게(당신 몸에) 토해낼 수밖에 없겠군요.

want ~ back ~를 되돌려 받기 원하다

1. 내 돈을 돌려받고 싶다면 어떻게 해야 할지 말해 줘.

2. 내 어린 시절을 돌려받고 싶어.

---

there is nothing 주어 can do (주어)가 할 수 있는 게 없다

3. 네가 나에게 할 수 있는 건 없어.

4. 미안하지만 너를 위해 내가 할 수 있는 건 없어.

---

take A for B A를 B로 여기다[착각하다]

5. 나는 그의 침묵을 승인[허락]으로 착각했어.

6. 나를 바보로 여기지 마.

---

throw up 토하다, 게우다

7. 피를 토한다는 건 심각한 문제야.

8. 나는 토하고 나니까 훨씬 나아졌어.

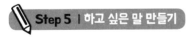
1. Tell me what to do if I want my money back.

2. I want my childhood back.

3. There is nothing you can do to me.

4. Sorry but there is nothing I can do for you.

5. I took his silence for approval.

6. Don't take me for a fool.

7. Throwing up blood is a serious problem.

8. I feel much better after throwing up.

Step 5 | 하고 싶은 말 만들기

앞의 4가지 표현을 이용해서
자신이 하고 싶은 말을 쓰고 말해 보세요.

58 Your call.
네가 결정해.

doctor Relax, you don't have to be nervous. It's not that bad.

patient Really? Great. I thought I had cancer or something.

doctor Generally you're OK but you have to do something for your health.

patient Tell me what I can do. I'm all ears.

doctor You are kind of overweight and your blood pressure is high, so…

patient Uh, wait, doctor. If you don't mind, let me tell you one thing.

doctor Not at all.

patient I will do whatever you say for my health, but there is one thing I won't do.

doctor What is it?

patient Dieting. So don't tell me anything like, 'Put yourself on a diet or die. **Your call.**'

doctor Then… I have nothing to say.

It's your call.이라고 온전한 문장으로 쓸 수도 있다. 어떻게 해야 할지 네가 결정하라는 뜻으로, 선택의 기로에 선 사람에게 쓸 수 있는 표현이다. 결정에 따른 책임도 결정자에게 있다는 의미도 내포한다.

 주요 어휘

overweight 과체중의, 비만의   blood pressure 혈압

 Step 2 | 해석만 보고 영어로 말하기

의사 긴장 푸세요, 초초해할 필요 없습니다. 그렇게 나쁘지 않아요.

환자 그래요? 다행이군요. 저는 제가 암이나 그런 거 걸린 줄로 생각했어요.

의사 전체적으로 괜찮은데, 건강을 위해 하셔야 할 게 있어요.

환자 제가 할 수 있는 게 뭔지 말씀해 주세요. 귀 기울여 듣겠습니다.

의사 좀 비만이시고, 혈압이 높거든요. 그래서…

환자 어, 잠깐만요, 선생님. 괜찮으시면 제가 한 가지 말씀드리겠습니다.

의사 그러세요.

환자 건강을 위해 뭐라고 하시든 제가 할 건데요, 한 가지 제가 하지 않을 게 있습니다.

의사 그게 뭐지요?

환자 다이어트요. 그러니 '다이어트를 하든지 죽던지. 당신이 결정하세요.' 이렇게는 말하지 말아 주세요.

의사 그렇다면… 저는 할 말이 없습니다.

be nervous 긴장하다, 초조해하다, 걱정하다

1. 연설을 할 때 나는 너무 긴장했어.

2. 면접 중에 긴장하지 않도록 노력해.

---

tell me what 주어 + 동사 ~를 말해 주시오

3. 그가 뭐라고 말했는지 나에게 말해 줄래?

4. 그가 너에게 무슨 짓을 했는지 나에게 말해도 돼.

---

let me 동사원형 제가 ~하겠습니다

5. 내가 네 컴퓨터로 이 영화를 볼게.

6. 무슨 일이 벌어졌는지 내가 설명할게.

---

put ~ on a diet ~에게 다이어트를 시키다

7. 의사가 나에게 다이어트를 시켰어.

8. 나는 다이어트를 하고 싶지 않아.

　(나 자신에게 다이어트를 시키고 싶지 않아)

1. I was so nervous when giving a speech.

2. Try not to be nervous during an interview.

3. Would you tell me what he said?

4. You can tell me what he did to you.

5. Let me watch this movie with your computer.

6. Let me explain what happened.

7. My doctor put me on a diet.

8. I don't want to put myself on a diet.

✏️ Step 5 | 하고 싶은 말 만들기

앞의 4가지 표현을 이용해서
자신이 하고 싶은 말을 쓰고 말해 보세요.

59 I've had it.

질렸어.

John   Let's eat anything but mac & cheese.

Lisa   I thought you liked it.

John   I did, but not anymore. Just thinking about it makes me nauseous.

Lisa   What happened?

John   I accidentally told my mom her mac & cheese was great.

Lisa   What's that got to do with your hatred for mac & cheese?

John   Ever since, she has made nothing but mac & cheese for months.

Lisa   Oh, I get it. You've had enough.

John   **I've had it.** I want no more of it. I don't even want to smell it.

더 이상 갖고 싶지 않을 만큼 그것을 충분히 가졌다는 의미로, 너무 많이 먹거나 하거나 보아서 그것에 대해 질렸을 때, 또는 부정적인 어떤 것을 더 이상 참을 수 없을 때 쓰는 표현이다. '진저리가 나' 혹은 '더 이상 못 참아'로 번역될 수 있다. 대화문에 나오는 have had enough도 '(무언가 너무 과해서) 지긋지긋하다, 질렸다'는 뜻으로 유사한 표현이다.

 주요 어휘

mac 마카로니(= macaroni)   nauseous 속이 메슥거리는

hatred 증오

 Step 2 | 해석만 보고 영어로 말하기

존   맥 앤 치즈만 빼고 다른 거 먹자.

리사   네가 그거 좋아하는 줄 알았는데.

존   그랬지만 더 이상은 아니야. 그거 생각만 해도 속이 메스꺼워.

리사   무슨 일 있었어?

존   내가 실수로 엄마한테 엄마의 맥 앤 치즈가 맛있다고 말해 버린 거야.

리사   그거랑 맥 앤 치즈에 대한 너의 증오와 무슨 상관인데?

존   그후로 엄마가 몇 달 동안 오로지 맥 앤 치즈만 만들고 계셔.

리사   아, 알았다. 지긋지긋하구나.

존   질렸어. 더 이상 먹고 싶지 않아. 냄새조차 맡고 싶지 않아.

anything but 결코 아닌, ~만 빼고 무엇이든 되는

1. 나는 절대 행복하지 않아.

2. 너는 이게 새것이라 했지만 결코 그렇게 (새것으로) 보이지 않아.

What's that got to do with ~? ~와 무슨 상관이야?

3. 그게 나와 무슨 상관이야?

4. 그게 내 직업과 무슨 상관이야?

----

hatred for ~에 대한 증오

5. 상대편에 대한 나의 증오를 감출 수 없어.

6. 그에 대한 나의 증오가 계속 커지고 있어.

----

nothing but 오직, 그저 ~일 뿐

7. 나는 며칠 동안 오직 국수만 먹고 있어.

8. 네가 오직 돈에 관해서만 이야기하는 게 나는 싫어.

1. I am anything but happy.

2. You said it's new but it looks anything but.

3. What's that got to do with me?

4. What's that got to do with my job?

5. I can't hide my hatred for the other side.

6. My hatred for him keeps growing.

7. I have eaten nothing but noodles for days.

8. I hate when you talk about nothing but money.

Step 5 | 하고 싶은 말 만들기

앞의 4가지 표현을 이용해서
자신이 하고 싶은 말을 쓰고 말해 보세요.

60 You got me.
그건 모르겠네.

John Smells good. What perfume are you wearing?

Lisa It's my new soap. I wonder how soap smells like perfume.

John No idea. Come to think of it, you majored in chemistry, right?

Lisa Actually I graduated with honors. I was among the cream of the crop.

John Wow, you are a real chemist.

Lisa I am. Although currently I am a computer programmer.

John Then you must know something about chemical reactions.

Lisa You can say that again. I'm a chemist.

John Tell me, Ms. Chemist, how does smell work?

Lisa What?

John Scent is related to chemistry. Smell is a chemical sense, isn't it?

Lisa Um… **You got me.**

You've got me there.로도 자주 쓰는데, 상대의 말을 듣고 내가 모르는 걸 네가 정확히 지적했다는 의미로 '그 부분에 대해서는 나도 잘 모르겠다'는 표현이다. 이 외에 문맥에 따라 '들켰네', '내 말 알아들었어?' 등의 표현으로도 자주 쓰인다.

 주요 어휘

perfume 향수

come to think of it 생각해 보니

the cream of the crop 최고, 최상의 것

You can say that again. 전적으로 동감한다, 두말하면 잔소리

chemical sense 화학적인 감각

soap 비누

major in ~를 전공하다

graduate with honors 우등으로 졸업하다

Step 2 | 해석만 보고 영어로 말하기

존   냄새 좋네. 너 무슨 향수 뿌린 거야?

리사   새 비누 냄새야. 비누가 어떻게 향수 같은 냄새가 나는지 궁금해.

존   나도 몰라. 생각해 보니 너 화학 전공했잖아, 맞지?

리사   사실 우수한 성적으로 졸업했지. 나는 최고에 속했어.

존   와, 너 진짜 화학자구나.

리사   그렇지. 지금은 컴퓨터 프로그래머이지만 말이야.

존   그럼 너는 화학 반응에 대해 뭔가 알겠네.

리사   두말하면 잔소리. 나는 화학자니까.

존   화학자 씨, 냄새가 어떻게 작용하는지 좀 말해 줘.

리사   뭐?

존   냄새가 화학과 관련이 있잖아. 냄새는 화학적 감각이지, 맞지?

리사   음… 잘 모르겠는데.

I wonder (의문사 + 주어 + 동사) 나는 ~이 궁금하다

1. 나는 그가 지금 뭘 하고 있는지 궁금해.

2. 나는 네가 그를 왜 좋아하는지 궁금해.

---

major in ~를 전공하다

3. 나는 경제학 전공이고, 부전공은 역사학이야.

4. 너는 대학에서 뭘 전공했니?

---

how does ~ work? ~는 어떻게 작동하는가?

5. 이건 어떻게 작동해?

6. 이 기계는 어떻게 작동하지?

---

be related to ~와 관련이 있다

7. 이 병은 네가 먹은 음식과 관련 있어.

8. 우리 가족은 이번 추문[스캔들]과 관련이 없어.

1. I wonder what he's doing right now.

2. I wonder why you like him.

3. I major in economics, with a minor in history.

4. What did you major in at university?

5. How does it work?

6. How does this machine work?

7. This disease is related to the food you've eaten.

8. My family is not related to this scandal.

Step 5 | 하고 싶은 말 만들기

앞의 4가지 표현을 이용해서
자신이 하고 싶은 말을 쓰고 말해 보세요.